Die

Haftpflicht der Genossen

und

das Umlageverfahren.

Von

Dr. L. Goldschmidt,
Reichsoberhandelsgerichtsrath a. D.
ordentlichem Professor der Rechtswissenschaft an der Universität Berlin.

Springer-Verlag Berlin Heidelberg GmbH 1888

ISBN 978-3-662-32387-8
DOI 10.1007/978-3-662-33214-6
ISBN 978-3-662-33214-6 (eBook)

Vertreter zahlreicher Erwerbs- und Wirthschafts-Genossenschaften haben mich um eine eingehend begründete Meinungsäußerung über zwei wichtige, zur Zeit in den Genossenschaftskreisen lebhaft erörterte Fragen ersucht.

Ich komme diesem Wunsche nach, weil ich es für meine Pflicht halte, in der gegenwärtig ihrem Abschluß nahen neuen Genossenschaftsgesetzgebung die richtigen Grundsätze nach bester Einsicht zur Geltung zu bringen. Wenn auf dem letzten (29ten) am 31. August d. J. zu Erfurt abgehaltenen Allgemeinen Vereinstage der Deutschen Erwerbs- und Wirthschaftsgenossenschaften, ungeachtet eifriger Befürwortung des Genossenschaftsanwalts, nur eine sehr knappe Mehrheit (78 gegen 71 Stimmen) den Einzelangriff adoptirt, andererseits der Verband der Schlesischen Genossenschaften auf dem zu Warmbrunn am 19./20. Juni d. J. abgehaltenen Verbandstage nach sehr gründlicher Erörterung mit großer Mehrheit[1]) den Einzelangriff reprobirt hat, so dürften die nachfolgenden Ausführungen vielleicht in weiteren Kreisen aufklärend wirken, ja sogar zeitige Gegner des hier vertretenen Standpunktes von dessen Richtigkeit zu überzeugen geeignet sein.

Ueber die mir vorgelegten Fragen habe ich mich bereits wiederholt ausgesprochen. Das erstemal in meiner 1882 erschienenen Schrift „Erwerbs- und Wirthschafts-Genossenschaften. Studien und Vorschläge". (Aus der Zeitschrift für das gesammte Handelsrecht, herausgegeben von Goldschmidt, v. Hahn, Keyssner, Laband, Sachs, Bd. 27, S. 1—118 besonders abgedruckt), und es beruht, wie hier ein für allemal bemerkt werden soll, auf einem schwer erklärlichen Irrthum, wenn neuerdings in öffentlichen Verhandlungen und in der Genossenschaftspresse wiederholt von Vertheidigern der im Gesetzentwurf aufgestellten Grundsätze in Abrede gestellt worden ist, daß meine Schrift sich völlig unzweideutig gegen diese Grundsätze erklärt.

Das zweitemal mündlich und sehr eingehend als Mitglied der vom Reichsjustizamt zur Berathung über den Entwurf des Genossenschaftsgesetzes im November 1887 einberufenen Sachverständigenkonferenz.

1) Vgl. Bericht Breslau 1883, S. 42—59.

Und zwar habe ich hier ausdrücklich zu Protokoll erklärt, daß ich, im Falle gewisse von mir entschieden bekämpfte Grundsätze beibehalten würden, nicht in der Lage sei, dem unzweifelhafte und wichtige Verbesserungen des zur Zeit geltenden Gesetzes enthaltenden Entwurf zuzustimmen. Mein so bestimmt formulirter Widerspruch beschränkte sich auf 3 Punkte, unter welchen sich gerade die beiden hier in Rede stehenden befinden.

Die erste Frage betrifft die Statthaftigkeit des Einzelangriffs von Genossenschaftsgläubigern gegen die noch haftenden Genossen. Die zweite betrifft die Betheiligung ausgeschiedener, aber den Genossenschaftsgläubigern noch haftender Genossen am Umlageverfahren.

Diese beiden Fragen stehen zwar in einem gewissen Zusammenhang, aber derselbe ist nicht ein logisch nothwendiger. Man kann die eine verneinen und die andere bejahen; insbesondere würde für den Gesetzgeber aus der Verneinung der zweiten Frage nicht, wie behauptet wird, die allgemeine, nicht unterscheidende Bejahung der ersten Frage folgen.

Für die Entscheidung beider Fragen sind, da es sich um eine durchgreifend reformirende, zum erheblichen Theil ganz neues Recht schaffende Gesetzgebung handelt, in erster Linie Erwägungen der Zweckmäßigkeit oder wirthschaftlichen Nothwendigkeit maßgebend; die s. g. „juristische Konsequenz", wenngleich sicherlich zu erstreben und die Anforderungen sog. „juristischer Konstruktion" stehen dabei überall in zweiter Linie. Sogar für das einzelne Gesetz ist aus Zweckmäßigkeitsgründen eine Abweichung von den leitenden Prinzipien dieses Gesetzes unter Umständen geboten. Noch weniger schwer würde eine Abweichung einzelner, ja vieler Bestimmungen dieses Gesetzes von s. g. „allgemeinen juristischen Prinzipien" wiegen. Dieser für die Gesetzgebung ja ganz selbstverständliche Standpunkt wird nur zu häufig vergessen und gerade in den hier vorliegenden Fragen wird häufig behauptet, daß der eine Weg prinzipgemäß, der entgegenstehende „prinzipwidrig" sei. Aber was man „juristische Prinzipien" nennt, ist nichts von selbst Gegebenes und für alle Zeit Feststehendes, sondern aus dem jederzeit geltenden Recht entnommen und modifizirt sich mit dessen Aenderung. Denn alles Recht ist nicht um seiner selbst willen da, sondern um vernünftigen socialen Zwecken zu dienen, es soll die vernünftige, d. h. dem Wesen, der Natur dieser socialen Lebensverhältnisse entsprechende Ordnung sein. Es ist um so vollkommener, je mehr sein Inhalt dieser obersten Aufgabe entspricht, mag dabei auch die abstrakte Logik nicht in allen Punkten durchgeführt werden oder mag die Theorie Mühe haben, die Bestimmungen des Gesetzes in ihre Kategorieen einzuschachteln. Die wirklich rechtsschöpferische Kraft eines Gesetzgebers würde sich ein Armuthszeugniß ausstellen, wollte sie hinter angeblich zwingenden, häufig sogar mißverstandenen „Rechtsprinzipien" Deckung suchen gegen den begründeten Vorwurf, daß die gesetzlichen Bestimmungen zweckwidrig, unangemessen, verkünstelt seien. Derjenige Gesetzgeber, welcher sich der wirklich lebendigen Rechtsideen seiner Zeit vollkommen bemächtigt, braucht niemals den Vorwurf (?) zu scheuen, daß er sich aus Zweckmäßigkeitsgründen, um des öffentlichen Nutzens willen, im Gemeininteresse Abweichungen von der logischen Schablone erlaubt habe. Ja nicht selten pulsirt, wie einer der größten Juristen aller Zeiten, Rudolf von Ihering, sehr zutreffend gezeigt hat, gerade in diesen anscheinenden Abweichungen das allein lebendige Recht. Ein großer Theil z. B. unseres geltenden und gewiß nothwendigen Handelsrechts ist in scharfem Gegensatz zu den „Prinzipien" des bisherigen Rechts zu maßgebender Geltung gelangt.

Ohnehin dürfte die genauere juristische Analyse ergeben, daß nicht die Statthaftigkeit des Einzelangriffs, sondern dessen Ausschließung den richtig verstandenen Rechtsprinzipien des Deutschen Genossenschaftsrechts entspricht; daß somit nicht, wie behauptet wird (z. B. in den Blättern für Genossenschaftswesen 1888 Nr. 32, S. 257), die früheren Gegner des Einzelangriffs „bei schärferer Prüfung der Rechtsfrage" sich bekehren müßten, vielmehr das gerade Gegentheil hiervon wahr ist.

In beiden Fragen weiß ich mich, zu meiner Genugthuung, einig mit dem Begründer der Deutschen Genossenschaften und des Deutschen Genossenschaftsrechts, mit Schulze-Delitzsch und der mindestens bis vor ganz kurzer Zeit in den Kreisen der Deutschen Genossenschaften anscheinend widerspruchslos herrschenden Ueberzeugung. Dem Verdacht einer blinden Vergötterung des trefflichen Mannes, welchem ich in wichtigsten Prizipienfragen, insbesondere hinsichtlich der Zulassung von Genossenschaften mit beschränkter Haftung, wiederholt sehr scharf entgegengetreten bin, werde ich schwerlich ausgesetzt sein. Zu meiner großen Freude haben wir uns schließlich in allen wesentlichen Punkten geeinigt.[2]) Aber die jetzt in weiten Kreisen und sogar von leitender Stelle in Verbands- und Vereins-Versammlungen aufgestellte Behauptung, daß Schulze-Delitzsch dem Einzelangriff in derjenigen, freilich abgeschwächten Gestalt, welche der vorliegende Entwurf sanktioniren will, seine Zustimmung ertheilt haben würde, scheint mir doch durchaus grundlos. Sie steht in unlösbarem Widerspruch zu dem, was Schulze-Delitzsch jederzeit in

2) Siehe namentlich Schulze-Delitzsch, Material zur Revision des Genossenschaftsgesetzes (1883), insbes. S. 66/7.

Schrift und Wort, auch mir gegenüber in zahlreichen diesen Gegenstand betreffenden mündlichen Erörterungen erklärt hat.

Schulze-Delitzsch und ich gingen darin völlig einig, daß durch ein reformirtes, in die Geschäftsabwickelung der sich auflösenden Genossenschaft an gehöriger Stelle eingefügtes Umlageverfahren der schädliche Einzelangriff überflüssig gemacht und demzufolge beseitigt werden solle. Daß, wie bereitwillig anerkannt werden soll, das Umlageverfahren als Bestandtheil des Konkursverfahrens in dem jetzt vorliegenden Entwurf juristisch korrekter gestaltet ist, als in den Entwürfen Schulze's, ändert in der Sache nichts. Denn gleichviel, ob man Schulze's außergerichtliches, die Konkurseröffnung suspendirendes Umlageverfahren annimmt, oder, mit dem vorliegenden Entwurf, das provisorische Umlageverfahren zu einem Vorschußverfahren innerhalb des bereits eröffneten Konkurses gestaltet, demnächst aber, nach beiden Systemen, ein definitives Umlageverfahren (Nachschußverfahren) im Konkurse folgen läßt: sachlich ergiebt sich nach beiden Ordnungen, daß die Aufgabe des, gleichviel wie gestalteten Umlageverfahrens (Vorschuß- und Nachschußverfahrens) die volle Befriedigung der Genossenschaftsgläubiger bildet und mittelst dieses Verfahrens erreicht werden soll. Auf dieser — den Schulze'schen Entwürfen und dem jetzt vorliegenden Gesetzentwurf gemeinsamen — materiellen Grundlage beruhen sämmtliche, insbesondere in den Jahren 1881 und 1883 aufgestellten Vorschläge und als Schlußstein dieses, somit dem jetzigen Entwurf wie den Schulze'schen Entwürfen gemeinsamen Systems hat Schulze jederzeit die völlige Beseitigung des Einzelangriffs proklamirt. In diesem Sinne hat Schulze und hat nach Schulze's Tode der gegenwärtige Genossenschaftsanwalt die bekanntlich einmüthige Zustimmung der beiden Allgemeinen Vereinstage (Kassel 1881, Plauen 1887) für das projektirte verbesserte Umlageverfahren gefunden.

Das ganze Material liegt aktenmäßig in der von Schulze selbst unmittelbar vor seinem Tode veröffentlichten Schrift vor:

> Material zur Revision des Genossenschaftsgesetzes, 1883, S. 28 ff., 38 ff. Als denjenigen Punkt, auf welchen Schulze selbst den „höchsten Werth" legt, bezeichnet er wiederholt, z. B. S. 45, vgl. auch S. 68, die durch die Umgestaltung des Umlageverfahrens ermöglichte „Aufhebung des Einzelangriffs".[3])

---

3) Siehe auch meine Schrift S. 62 ff., insbes. S. 67 u. Dr. J. H. Herz, die Novellen und Anträge zum Genossenschaftsgesetz, besprochen und erläutert. 1883, S. 121 ff.

Obwohl nun Schulze's so häufige Erörterungen dieser Frage vielleicht nicht immer auf einer völlig eindringenden theoretischen Rechtskenntniß beruhen, so war er doch sicherlich, was viel mehr sagen will, ein rechtsschöpferischer Kopf, welcher auf dem sicheren Grunde einer selten trügenden tiefen Rechtsüberzeugung stand. Gleich den Schöffen des alten Deutschen Gerichtswesens entnahm er seine Anschauung von dem was recht und billig sei, der eigenen Brust, mitunter zu wenig bekümmert um die korrekte wissenschaftliche Begründung, aber doch in der großen Schule reichster Lebenserfahrung gegen schwere Irrungen gefeit. Als er sich von der praktischen Unzulänglichkeit des Deutschen Genossenschaftsgesetzes überzeugt und in rastloser Verbesserungsarbeit endlich den Weg gefunden hatte, auf welchem sich der nach seiner allmählich zum unerschütterlichen Vorsatz durchgebildeten Ueberzeugung der ebenso schädliche wie unnöthige Einzelangriff beseitigen ließ, hat er dieses Credo rastlos vertreten. Er hätte sicherlich auch dem vorliegenden Entwurf gegenüber die gleiche Haltung eingenommen und in dieser für ihn wichtigsten Frage jeden Kompromiß abgelehnt.

Nicht minder fest stand seine Ueberzeugung, daß nur die Heranziehung der noch haftenden, wenngleich ausgeschiedenen Genossen zum Umlageverfahren eine völlig befriedigende Gestaltung desselben ermögliche und im wohlverstandenen Interesse aller Betheiligten liege.

Wenn ihm eine allseitig, auch den theoretischen Juristen befriedigende Begründung seines Standpunktes nicht gelungen ist, so darf ihm daraus kein Vorwurf gemacht werden. Die spezifisch juristischen Fragen liegen eben nicht ganz einfach und sie hängen auf das engste zusammen mit der tieferen Einsicht in die Verschiedenheit der Haftungsprinzipien, deren wissenschaftlichen Aufbau ich erst 1882 in meiner Schrift (S. 35—45) versucht habe. Diesen Aufbau will ich in Nachstehendem vervollständigen und hoffe damit das sichere Rechtsfundament der uns gemeinsamen Ueberzeugungen klarzulegen.

I. Der Einzelangriff der Genossenschaftsgläubiger.

Vor etwa 1750 Jahren wurde es im Römischen Weltreich als eine schwere Unbilligkeit empfunden, daß die an sich solidarisch und mit ihrem ganzen Vermögen haftenden mehreren Bürgen der gleichen Schuld (Mitbürgen, confidejussores) auf das Ganze (in solidum) verurtheilt wurden, ungeachtet der Gläubiger durch Solvenz und Belangbarkeit Aller ausreichend gesichert erschien.

Daher gewährte Kaiser Hadrian in diesem Falle — später erfolgte die Ausdehnung auf andere, wirklich oder anscheinend gleichgeartete Fälle von Solidarschulden — die Rechtswohlthat der Theilung (beneficium oder auxilium divisionis) der Art, daß zwar das Prinzip der Solidarhaftung aufrecht erhalten blieb, aber doch der Gläubiger nur von allen Mitbürgen zusammen Befriedigung verlangen konnte; es fand also unter diesen solidarisch haftenden Mitbürgen eine Theilung oder, was dasselbe sagen will, eine Umlage der Schuld statt, aber so, daß der Gläubiger nichts verlor, vielmehr die Antheile (Umlagequoten) der etwa wegen Insolvenz oder Nichtbelangbarkeit ausfallenden Mitbürgen von den solventen mitgetragen werden mußten. Ursprünglich und zweckmäßig scheint dabei bereits bei der Prozeßeinleitung (vor dem Praetor in iure) ein „Umlageverfahren" regulirt worden zu sein.[4])

Nun gerieth das gehörig geordnete Umlageverfahren in späterer Zeit meist in Vergessenheit, es wurde die zweckmäßige „modifizirte Solidarhaft" häufig mißverständlich mit der reinen „Theilhaft", welche ja für den Gläubiger äußerst lästig und gefährdend ist, verwechselt und es erklärt sich so, daß in der modernen Rechtsentwickelung eine Abneigung gegen diese s. g. „Rechtswohlthat oder Einrede der Theilung" entstand. Das Preußische Allgemeine Landrecht und einzelne andere Gesetzgebungen haben dieselbe beseitigt und auch der gegenwärtig vorliegende Entwurf eines bürgerlichen Gesetzbuches für das deutsche Reich § 324. 673 verwirft sie. Immerhin besteht sie nicht nur in den Gebieten des gemeinen und französischen Rechts noch unverändert fort, soweit nicht die Solidarschuldner auf diese Rechtswohlthat unzweideutig verzichtet haben oder die gebieterischen strengen Anforderungen des Handelskredits diese Modifikation der Solidarhaft ausschließen[5]), sondern es giebt unzweifelhaft zahlreiche Fälle, in welchen das regellose Herausgreifen eines von mehreren, insbesondere von sehr zahlreichen Schuldgenossen auch einer sehr strengen Rechtsanschauung als ungehörig, ja unbillig erscheint. Insbesondere gilt dies von solchen Fällen, wo nach der vernünftigen Regel des Verkehrs und in Gemäßheit der für solche Zwecke getroffenen Einrichtungen nur eine verständig geregelte Gesammthaft erwartet werden darf.

Nun beruhte bekanntlich ursprünglich die statutarische, in Altpreußen auch die gesetzliche Haftung der dem s. g. „Solidarprinzip" unterstellten

---

4) Dieses wichtige Rechtsinstitut habe ich in neuester Zeit (1887) genauer untersucht und dargestellt: vergl. meine Abhandlung über Bürgschaft und Theilzahlung, in den Jahrbüchern für Dogmatik des heutigen römischen und deutschen Privatrechts von Ihering u. A. Bd. XXVI, S. 354 ff.

5) Deutsche Wechselordnung art. 81. Deutsches Handelsgesetzbuch art. 281. 112.

Erwerbs- und Wirthschaftsgenossenschaften auf den 3 leitenden Grundsätzen der direkten, der solidarischen und der unbeschränkten (persönlichen) Haft. Diese Maximen waren, wie allgemein anerkannt ist[6]), durch das maßgebende Preußische bürgerliche Recht, durch das im Wesentlichen benutzte, obwohl nicht zutreffende, Vorbild der offenen Handelsgesellschaft, den wichtigen Vorgang des damaligen Englischen Rechts, insbesondere aber durch die Nothwendigkeit diktirt, der ganz neuen Schöpfung durch Annahme der strengsten Haftungsgrundsätze den schwer zu erlangenden Kredit wie das Wohlwollen des Gesetzgebers zu gewinnen.

An diesen Maximen hielt daher wesentlich noch das erste (Preußische) Genossenschaftsgesetz vom 27. März 1867 fest, immerhin schon mit der wichtigen, den Schulze'schen Entwürfen entsprechenden Abschwächung, daß die beibehaltene direkte und unmodifizirte Solidarhaft der Genossen sich auf den im Liquidations- bezw. Konkursfall erlittenen Ausfall beschränkt.: Ges. § 11, verb. mit § 50, Abs. 5, somit die prinzipale Haftung für die ganze Genossenschaftsschuld zu einer subsidiären Haftung für die Ausfallsschuld umgewandelt wurde, wobei es denn auch wesentlich in dem geltenden Bundesgesetz vom 4. Juli 1868 §§ 12, 51, Abs. 5 verblieben ist.

Aber den Intentionen Schulze-Delitzsch's entsprach dieses Preußische Gesetz nur sehr unvollkommen. Denn bereits in § 36 seines (zweiten) 1863 aufgestellten Gesetzentwurfs hatte Schulze-Delitzsch — nach dem Vorgange der bei einzelnen Sächsischen Kreditgenossenschaften getroffenen Einrichtungen — ein besonderes „Verfahren zur Realisirung der Solidarhaft" vorgesehen und in der Hauptsache dahin formulirt:

> „Nach Prüfung des eingereichten oder vom Konkursgericht festgestellten Vermögensstatus setzt das Gericht den Betrag derjenigen Summe, die zur vollen Befriedigung der Vereinsgläubiger erforderlich ist, durch Dekret fest und vertheilt dieselbe auf sämmtliche haftbaren, gegenwärtigen und früheren Mitglieder des Vereins gleichmäßig".

Dieser Vorschlag, welcher so alsbald nach Auflösung der Genossenschaft ein gerichtlich geordnetes Umlageverfahren postulirte, fand, obwohl im Prinzip gebilligt, doch, wegen prozessualer Schwierigkeiten, nicht die Zustimmung der Kommission des Preußischen Abgeordnetenhauses (1863) und wurde von Schulze-Delitzsch einstweilen fallen gelassen, aber mit besserem Erfolge in seinem Entwurf des Genossenschaftgesetzes für den Norddeutschen Bund wieder aufgenommen, von der Reichstagskommission

6) Vergl. meine Schrift S. 45 ff. Motive S. 46 ff.

„als wichtigste Ergänzung des Preußischen Gesetzes und als Forderung des Gemeinwohles" mit geringen Aenderungen angenommen, endlich von der Civilprozeß-Kommission in derjenigen Gestalt, in welcher er die §§ 52—62 des geltenden Gesetzes bildet, formulirt.

Bei diesem wichtigen und unzweifelhaft wohlthätigen Schritte hat aber weder Schulze-Delitzsch selbst, noch haben die Verfasser des geltenden, in höchster Eile vollendeten Gesetzes (denn der vom 16. Juni 1868 datirende Bericht mit Antrag der Civilprozeßkommission ist sogleich ohne jede Aenderung vom Bundesrath und in der letzten Sitzung des Reichstages am 20. Juni, wenige Stunden vor dem Schlusse der Session, en bloc angenommen worden) ein klares Bewußtsein von der prinzipiellen Bedeutung des Umlageverfahrens gehabt, vielleicht auch absichtlich, weil das noch neue Institut der Genossenschaften nach ihrer Ueberzeugung ohne die volle direkte Solidarhaft nicht lebenskräftig erschien, es unterlassen, die nothwendigen Konsequenzen zu ziehen.

Es unterliegt nämlich nach dem Inhalt des Gesetzes und nach dem Gange der Verhandlungen[7]) keinem Zweifel, daß das Umlageverfahren wesentlich nur im Interesse der Genossen, nämlich in Bezug auf ihre gegenseitigen Rückgriffsrechte und dem entsprechende Deckungspflicht, behufs Abschneidung verwickelter Regreßprozesse geordnet ist, demgemäß zwar den Genossen untereinander, nicht aber den Gläubigern der Genossenschaft Recht und Pflicht gewährt. Zutreffend heißt es in den Motiven des vorliegenden Gesetzentwurfs S. 58, 59, vergl, S. 45, von dem Umlageverfahren des geltenden Gesetzes:

> „Die Beitragspflicht (zum Umlageverfahren) soll zwar das hauptsächlichste Mittel zur Befriedigung der Genossenschaftsgläubiger bilden; trotzdem trägt nach dem (geltenden) Gesetz die Beitragspflicht nicht ihr Fundament in sich selbst, sondern es wird hierzu ein an und für sich außerhalb desselben liegendes Moment, nämlich die subsidiäre Garantiehaft der einzelnen Genossen in der Weise herangezogen, daß die Beitragspflicht nur als ein Ausfluß der in Folge möglicher Geltendmachung der direkten Haftung zu erwartenden gegenseitigen Regreßrechte der Genossen erscheint. Die praktische Folge dieser Konstruktion ist, daß weder die Gläubiger noch die Genossenschaft als solche in dem (Umlage-) Verfahren eine Stelle finden".

7) S. ausführlich Parisius, die Genossenschaftsgesetze im Deutschen Reiche (1876) S. 375—378, Reinartz, die eingetragene Genossenschaft als Corporation (1882) S. 97—102.

Daher gehen, ganz unabhängig von dem Umlageverfahren, das Konkursverfahren wider die Genossenschaft und die Klagerechte der einzelnen Gläubiger wider die einzelnen Genossen ihre eigenen Wege und es wird, wie in § 52 des Entwurfs der Reichstagskommission:

„Uebrigens wird durch das vorstehende Verfahren an dem Rechte der Genossenschaftsgläubiger, wegen der im Konkurs an ihren Forderungen erlittenen Ausfälle die Genossenschafter solidarisch in Anspruch zu nehmen, Nichts geändert",

so im § 62, vgl. § 52 des geltenden Gesetzes, vgl. auch § 197 der Reichskonkursordnung, das Recht des Einzelangriffs ohne jede Rechtswohlthat der Theilung in aller Schärfe aufrecht erhalten.

Mit anderen Worten: das Umlageverfahren, welches nach seinem praktischen Gehalt und seiner wirthschaftlichen Tendenz nur eine Gestalt des beneficium divisionis ist, somit zwar thatsächlich die Rückgriffsprozesse unter mehreren Solidarschuldnern abschneidet, aber doch rechtlich nur dadurch, daß es diese Solidarschuldner dem Gläubiger gegenüber nur als Gesammtheit haften läßt, hat unversehens die gerade umgekehrte Gestalt eines die Solidarschuldner (Genossen) rechtlich nicht schützenden, dagegen den Regreß unter ihnen rechtlich abschneidenden Verfahrens erhalten. Diese ganze, auf mangelhafter Einsicht in die wahre Natur des Umlageverfahrens beruhende Struktur desselben ist juristisch und praktisch eine verfehlte. Dieser verhängnißvolle Irrthum wirkt noch gegenwärtig fort.

Thatsächlich freilich gestaltete sich auch das so mangelhaft geregelte Umlageverfahren zu dem praktisch wichtigsten Bestandtheil des Genossenschaftsrechts. Jeder Genosse rechnete darauf, nur im Wege des Umlageverfahrens in Anspruch genommen zu werden, somit im ungünstigsten Falle freilich solidar (ungetheilt für die ganze Schuld) einstehen zu müssen, aber doch nicht anders, als wenn den Genossen wirklich die Rechtswohlthat der Theilung zustände, somit nur für die durch Insolvenz oder Unbelangbarkeit einzelner Genossen ausfallende Repartitionsquoten. Nicht rechtlich, aber thatsächlich war die direkte Haftung der einzelnen Genossen gegen die einzelnen Gläubiger durch die s. g. indirekte Haftung, d. h. durch die bloße Deckungspflicht gegen die Genossenschaft, die absolute Solidarhaft durch die modifizirte Solidarhaft, d. h. die Solidarhaft mit Theilungswohlthat ersetzt. Machten aber einmal ausnahmsweise Gläubiger von ihrem unzweifelhaften Recht des direkten Einzelangriffs für die ganze Ausfallsschuld Gebrauch, so wurde dies allgemein als eine schwere Schädigung, ja als eine materielle Ungerechtigkeit (Unbilligkeit) empfunden. Das formell geltende Gesetz stand mit der Ueberzeugung gerade der betreffenden Volkskreise von dem was „recht und billig", ja im allseitigen Interesse allein zweckmäßig sei, in schneidendem Widerspruch.

Das erscheint um so erklärlicher, als inzwischen, in den letztverflossenen 20 Jahren, die Deutschen Erwerbs- und Wirtschaftsgenossenschaften sich immer mehr aus wesentlich individualistischen Societäten zu kapitalbildenden Korporationen herausgebildet haben, deren ökonomischer Schwerpunkt und Kredit nicht mehr in der direkten und absoluten Solidarhaft der einzelnen Genossen, sondern in dem eigenen Vermögen der Genossenschaft mit nur dahinter stehender Solidargarantie der einzelnen Genossen liegt. Hieraus ergiebt sich denn, nach dem normalen, von mir vorlängst dargelegten Entwickelungsgange des Rechts[8]), die nothwendige Umbildung der direkten und absoluten Solidarhaft in eine modifizirte solidare Deckungspflicht der Genossen gegenüber der Genossenschaft, so daß nur aus zwingenden Gründen des Gemeinwohls oder des Kredits neben der durch die Deckungspflicht der Genossen realisirten Gesammthaft der Genossenschaft der direkte Einzelangriff der Gläubiger gegen die einzelnen Genossen gerechtfertigt werden kann.

Erschien nun freilich, bei der gegenwärtig allgemein anerkannten, auch in den Motiven des vorliegenden Gesetzentwurfes klar gezeichneten Mangelhaftigkeit des bisherigen Umlageverfahrens der direkte Einzelangriff nicht entbehrlich, so ergeben sich doch nach dem geltenden Gesetz die schwersten Mißstände.

Den Genossenschaftsgläubigern steht frei, bei der Genossenschaft im Umlageverfahren Befriedigung zu suchen, aber sie erhalten diese in der Regel erst nach vieljährigen Weiterungen, da das Umlageverfahren erst im letzten Stadium des Konkurses eröffnet wird. Wollen sie die im Konkurs festgestellte Ausfallsschuld wider die einzelnen Genossen verfolgen, so müssen sie gegen diese Klage erheben, haben den — nach bisherigem mangelhaften Recht — nicht selten schwierigen Ausweis der Mitgliedschaft zu führen und sind häufig an der Realisirung ihrer Forderungen durch die früheren Zugriffe von Privatgläubigern, mitunter sogar durch Beiseiteschaffung oder Vinkulirung der Befriedigungsmittel verhindert. Es ist bemerkenswerth, daß in einzelnen eklatanten Fällen die Gläubiger zu besonderen Haftschutzvereinen zusammengetreten sind und mittels eines

8) Vergl. meine Schrift S. 41 ff., 62, 67, 113.

ganz freiwilligen Umlageverfahrens eine sachgemäße Regulirung ihrer Ansprüche durchzuführen versucht haben.

Noch ungünstiger ist die Lage der Genossen. Dieselbe dürfen gleichzeitig von der Genossenschaft auf Zahlung der im Umlageverfahren festgestellten Deckungsbeiträge exequirt und von jedem Gläubiger auf Höhe der ganzen Ausfallsschuld belangt werden! Weder dem einen noch dem andern Anspruch können sie entgegensetzen, daß sie ihre Verbindlichkeiten vollkommen erfüllt haben, sicherlich nicht den Gläubigern. Hat ein einzelner oder haben wenige Genossen den häufig sehr beträchtlichen Schuldrest der Genossenschaft bezahlt, so bleibt denselben nur eine Regreßklage wider die übrigen, mittlerweile selbst häufig zahlungsunfähig gewordenen Genossen in unzähligen Prozessen (Genossenschaftsges. § 56 vergl. § 53).

Diesen unleugbaren Mißständen gegenüber habe ich — in wesentlicher Uebereinstimmung mit Schulze-Delitzsch, obwohl ich in meiner vorwiegend die Frage der beschränkten Haftpflicht erörternden Schrift nicht auf die Einzelheiten eingegangen bin — verlangt, daß das Umlageverfahren für jeden Fall der Ueberschuldung einer Genossenschaft „als integrirender Bestandtheil in der Geschäftsabwickelung der sich auflösenden Genossenschaft anerkannt" und mit dem Liquidations- bezw. Konkursverfahren in eine „zeitlich wie sachlich richtige Verbindung" unter Ersetzung des Einzelangriffs durch die bloße Repartitionshaft (Deckungspflicht) gebracht werde.[9])

Wenn ich gleichzeitig, im Hinweis darauf, daß der beliebige Einzelangriff den Gläubigern selbstverständlich bequemer ist, es für zweckmäßig erachtete, den Genossenschaften, je nach ihren verschiedenen Kreditbedürfnissen, die Wahl zwischen dem von Schulze-Delitzsch und mir gleichmäßig vertretenen System und dem strengeren, ja vielleicht einem noch mehr den ursprünglichen Grundsätzen sich anschließenden Haftungssystem zu überlassen,[10]) so hängt dieser Wunsch mit meiner prinzipiellen Abneigung gegen eine die Mannigfaltigkeit der Kreditsysteme verkümmernden gesetzlichen Uniformirung zusammen und erledigt sich jedenfalls gegenüber dem vorliegenden Entwurf, welcher nur eine Gestalt der Genossenschaften mit unbeschränkter Haftung anerkennt. Die neuerdings in Genossenschaftskreisen aufgestellte Behauptung, daß ich gegen die von mir ganz unzweideutig ver-

9) Vgl. meine Schrift. S. 62 ff. Zustimmend Gierke, Kritische Vierteljahrsschrift für Gesetzgebung und Rechtswissenschaft. Bd. 24 (1882) S. 391 ff.

10) Vgl. meine Schrift. S. 69.

langte Beseitigung des Einzelangriffs als bedenklich „gewarnt" hätte, beruht daher mindestens auf oberflächlichster Lektüre meiner Schrift. —

Der vorliegende Gesetzentwurf hat nun das Umlageverfahren in geeigneter Weise geordnet. Es ist jetzt dafür gesorgt, daß die mindestens theilweise Befriedigung der Gläubiger in einem früheren Stadium des Konkursverfahrens erfolgt, später eintretende Zahlungsunfähigkeit einzelner Genossen somit in der Regel die Befriedigung der Gläubiger nicht verhindern wird, und die zum Einzelangriff noch verstattete Ausfallsforderung (Entwurf § 22, 110, 121) in der Regel einen nicht allzuerheblichen Bruchtheil der ursprünglichen Genossenschaftsschuld beträgt; endlich daß soweit (noch in der Genossenschaft stehende) Genossen dem Einzelangriff unterliegen, sie hinsichtlich des Gezahlten den Rückgriff gegen die Genossenschaft haben (Entw. § 112, Motive S. 200).

Um die praktischen Wirkungen dieses Systems, dessen sorgfältig ausgearbeitete Einzelheiten (Entw. § 95—106) als bekannt vorausgesetzt werden dürfen, zu veranschaulichen, sei der Fall gesetzt, daß zur Zeit der Konkurseröffnung das bilanzmäßige Aktivvermögen der Genossenschaft 500,000 *M.*, dagegen die bilanzmäßige Genossenschaftsschuld 1 Million *M.* beträgt und daß — ein sehr günstiger Fall — die fehlenden 500,000 oder, wie sich bei berichtigter Bilanz ergiebt, 550,000 *M.* im Wege des vorläufigen Umlageverfahrens (s. g. „Vorschußverfahren" §§ 95—101 bezw. 102) bis auf 300,000 *M* beigetrieben sind, endlich daß von diesem Fehlbetrage weitere 100,000 *M.* alsbald oder doch bis zum Ablauf der zweimonatlichen Frist (§ 110) in dem definitiven Umlageverfahren (s. g. „Nachschußverfahren" §§ 103, 104) eingezahlt worden sind. Es bleiben somit 200,000 *M.*, welche mit Ablauf der der öffentlichen Aufstellung der Nachschußberechnung folgenden zweimonatlichen Frist die Gläubiger gegen jeden einzelnen Genossen beliebig in voller Höhe einklagen dürfen. Und zwar auch gegen diejenigen, gegen welche hinsichtlich ihrer im Vorschuß- oder Nachschußverfahren festgestellten Repartitionsquote die Zwangsvollstreckung seitens der Genossenschaft bereits schwebt (s. auch Motive S. 197), ja sogar gegen diejenigen, welche freiwillig oder zwangsweise den ganzen auf sie fallenden Antheil an der im Vorschuß- und Nachschußverfahren ausgeschriebenen Umlage gezahlt haben.

Und da selbstverständlich die redlichsten oder doch solventesten Genossen am ehesten dieser Pflicht genügt haben, so sind gerade sie dem ruinösen Einzelangriff der Gläubiger — immer noch in Höhe von 200,000 *M.* — am ehesten ausgesetzt.

Dazu tritt, was bisher kaum beachtet worden ist:

Die im Konkurs festgestellten, sofern nur nicht im Prüfungstermin von dem Vorstand bezw. den Liquidatoren ausdrücklich bestrittenen Forderungen gelten, sogar wenn sie vom Konkursverwalter bestritten waren, auch gegen den einzelnen Genossen als schlechthin festgestellt, ungeachtet er seinerseits zu deren Bestreitung außer Stande war: Reichskonkursordn. § 197 und Entw. § 110 Abs. 3. Ja es ist zwar nicht die Verurtheilung eines Genossen, aber doch die Klageerhebung gegen solche, somit eine möglicherweise völlig frivole Klage statthaft, ungeachtet die Forderung im Konkursverfahren streitig geblieben ist: Entw. § 110 Abs. 5, vergl. Motive S. 195 ff.

Hierdurch ist freilich für die Gläubiger sehr ausreichend gesorgt, aber die Annahme, daß nur so der Kredit der Genossenschaften zu erhalten sei oder, wie die Motive (S. 63) — desgleichen Dr. Schenck i. d. Bl. f. Genossenschaftswesen 1888 Nr. 23 — sagen,

> die direkte Haftpflicht in ihrer reformirten Gestalt bilde „ein unentbehrliches Element in dem Kreditorganismus der Genossenschaften"

möchte doch eine starke Uebertreibung enthalten. Wenn, nach unserem Beispiel, ein Betrag von etwa 20 % der Gesammtschuld der Genossenschaft, oder, nach den Motiven S. 195, in der Regel gar „nur noch ein verhältnißmäßig unbedeutender Restbetrag" zur Deckung des Ausfalls der Gläubiger zu ersetzen sein wird, so kann, nach aller praktischer Erfahrung, unter etwaiger durch Wegfall des Einzelangriffs veranlaßter Verzögerung in der Tilgung dieses Schuldrestes der Kredit der Genossenschaften schwerlich leiden. Nur um Verzögerung aber handelt es sich, da schließlich ja auch mittelst des Umlageverfahrens die Befriedigung der Genossenschaftsgläubiger erfolgt, so lange noch die Gesammtheit der Genossen die erforderlichen Mittel aufzubringen vermag — im entgegengesetzten, ja überaus seltenen Falle aber auch der Einzelangriff nicht zur Befriedigung führt. Zudem steht diesem geringen Vortheil der Gläubiger gegenüber die äußerste Härte gerade wider die gewissenhaftesten Genossen, indem diesen hinsichtlich des ja relativ noch immer erheblichen Schuldrestes, in unserem Beispiel von 200 000 *M.*, das Umlageverfahren keine Erleichterung der Haftung gegenüber den Gläubigern gewährt, wenngleich es ihren Regreß gegen die mithaftenden Genossen erleichtert.

Im Rahmen des bestehenden Gesetzes ist dies juristisch korrekt; im Rahmen des Entwurfs, welcher dem Umlageverfahren seinen wahren Charakter eines die Härte der ja unerläßlichen solidaren Garantieobligation aller Genossen mildernden **beneficium divisionis** wiedergiebt, dasselbe zu einem integrirenden, in die Hand der Gläubiger bezw. deren Organe gelegten Bestandtheil des die Befriedigung der Gläubiger bezweckenden Konkursverfahrens, mit Recht und Pflicht auch der Gläubiger zu dessen sachgemäßer Durchführung macht, prinzipwidrig. Mit anderen Worten: unter diesem System erscheint die Zulassung des direkten Einzelangriffs auf gleichviel welchen, sogar minimalen Schuldrest als eine nur aus zwingenden praktischen Gründen zu rechtfertigende höchste Singularität.

Die juristische Konsequenz steht somit nicht auf der Seite des Entwurfs. Den Vertretern des Entwurfs liegt es ob, die praktische Nothwendigkeit des Einzelangriffs überzeugend nachzuweisen. Dieser Nachweis ist zwar versucht, aber meines Erachtens durchaus mißlungen. Wenn in den Motiven (S. 60) gesagt wird: „Der von einzelnen (?!) Seiten gemachte Vorschlag, dieselbe (die direkte Haftpflicht) zu beseitigen, durch die bloße Beitragspflicht zu ersetzen, geht über das Ziel hinaus", so kann augenscheinlich darunter nicht dasjenige Ziel verstanden werden, welches die Verfasser des Entwurfs im Auge haben mußten und sicherlich gehabt haben, mittelst des Umlageverfahrens eine geordnete, der Billigkeit entsprechende Befriedigung der Gläubiger herbeizuführen. Nun aber ist im Entwurf, entgegen dem geltenden Recht, die Beitragspflicht der Genossen zum Umlageverfahren als Verpflichtung der Genossen gegen die Genossenschaft geregelt; es wird zutreffend hervorgehoben (Motive S. 59), daß die Genossenschaft mit ihren durch das Umlageverfahren beschafften Mitteln die Befriedigung der Gläubiger bewirke. Ist so das allerdings für Thatbestände dieser Art allein passende System der „Deckungspflicht" oder der s. g. indirekten Haftung,[11]) zum leitenden Prinzip erhoben, so kann das „Ziel" doch nur in richtiger Gestaltung und voller Durchführung der Deckungspflicht, nicht aber in dem Gegentheil der indirekten Haftung, nämlich in der direkten Haftung liegen.

Die besonderen praktischen Gründe aber, welche die Motive (S. 60, 61) für die Beibehaltung des Einzelangriffs geltend machen, sind folgende:

1. Daß die Möglichkeit des Einzelangriffs im Hintergrunde stehe, werde „auf den Gang des Nachschußverfahrens nachdrücklich einwirken." „Es liegt dann" — wird gesagt — „im Interesse jedes Genossen, daß von ihm selbst und von seinen Mitgenossen die Beiträge möglichst schleunig und vollständig gezahlt werden, während ein gleicher Antrieb beim Mangel eines subsidiären Einzelangriffs fehlt. Ein solcher Antrieb ist auch wirthschaftlich nicht zu unterschätzen. Er wird nicht blos bei der schließlichen Befriedigung der Gläubiger sich von praktischer Bedeutung

11) Vgl. meine Schrift S. 41, 42.

erweisen, sondern die jedem Genossen drohende unmittelbare Haftung wird schon von vornherein bei bestehender Genossenschaft auf die sittliche und wirthschaftliche Haltung der Mitglieder, auf die Vorsicht bei der Leitung und der Beaufsichtigung der genossenschaftlichen Angelegenheiten eine günstige Wirkung ausüben."

Nun versteht sich ja freilich, daß je strenger die Haftungsprinzipien sind, um so mehr der Einzelne zur Vorsicht gemahnt, um so mehr er in den Gesammtangelegenheiten seinen individuellen Einfluß geltend zu machen veranlaßt ist. Von diesem Standpunkte würde sich das ursprüngliche, dem preußischen Genossenschaftsgesetz vorangehende System der vollen direkten Solidarhaftung für die ursprüngliche Gesammtschuld am meisten empfehlen. Läßt aber, wie schon das geltende Recht und noch mehr der Entwurf anerkennt, sich eine derartige Solidarhaft mit den vernünftigen Zwecken und Einrichtungen der Genossenschaften nicht vereinigen, so hat eben die Milderung der Solidarhaftung soweit zu gehen, als mit diesen Zwecken und Einrichtungen verträglich ist. Augenscheinlich beruht die scheinbare Deduktion der Motive auf der Voraussetzung, daß nach dem System des Entwurfs die einzelnen Genossen in der Lage seien, rechtzeitig, d. h. bevor es zum Einzelangriff kommt, die zur Befriedigung der Gläubiger erforderlichen Mittel herbeizuschaffen, und zwar auf anderem Wege herbeizuschaffen, als daß sie selbst für die nichtzahlenden Genossen eintreten — denn durch solches Eintreten würden sie ja praktisch nur den gegen sie zu richtenden Einzelangriff anticipiren. Diese Voraussetzung aber ist eine irrthümliche. Wenn, um bei unserem früheren Beispiel zu bleiben, die Tilgung der Genossenschaftsschulden aus den Mitteln des Genossenschaftsvermögens und demnächst weiter im Vorschuß- und Nachschuß-Verfahren bis auf 200 000 *M.* erfolgt ist, und zwar derart, daß von 500 Mitgliedern 400 ihrer Vorschuß- und Nachschuß-Pflicht vollkommen Genüge geleistet haben, dagegen noch 100 Mitglieder ganz oder theilweise im Rückstande sind, so wissen jene 400 in der Regel gar nicht und können in der Regel gar nicht wissen, ob innerhalb der zweimonatlichen Frist die noch im Rückstand befindlichen 100 Genossen ihrer Pflicht genügt haben. Noch weniger sind sie, bei aller sonst in Genossenschaftsangelegenheiten bewährten Umsicht, in der Lage, auf die mögliche, lediglich in den Händen des Konkursverwalters, Gläubigerausschusses, Konkursgerichtes liegende Beitreibung der noch fehlenden 200 000 *M.* rechtzeitig einzuwirken. Gleichwohl sind sie, und natürlich gerade sie vorzugsweise dem Einzelangriff der Gläubiger ausgesetzt.

2. Die Möglichkeit sei nicht ausgeschlossen, daß „leistungsfähige Genossen es verstehen, sich ihrer Beitragspflicht zu entziehen oder den

Konkursverwalter hinzuhalten. Für solche Fälle ist es vollkommen gerechtfertigt, den einzelnen Gläubigern die Wahrung ihrer Rechte selbst in die Hand zu geben."

Noch drastischer führt der Genossenschaftsanwalt Dr. Schenck (Verhandlungen des Schlesischen Verbandstages S. 48) in dieser Richtung aus, es könne die Genossenschaft so verblendet sein, daß sie nach der Konkurseröffnung ihre schlechten Vorstands- und Aufsichtsrathsmitglieder, welche den Vermögensverfall der Genossenschaft verschuldet hätten, wieder wähle, daß diese nun einen mit ihnen unter einer Decke spielenden Konkursverwalter wählen', das Nachschußverfahren so endlos verzögert werde u. s. f.

Wäre dieser Grund stichhaltig, so müßte in jedem Konkursverfahren, zumal über eine Societät, unter Umständen jedem Gläubiger das Recht gewährt werden, die Geltendmachung seiner Forderung selbst in die Hand zu nehmen! Ohnehin wird, wer die exekutivische Einziehung der Nachschüsse durch den Konkursverwalter, sei es durch Scheinverträge oder durch sonstige Mittel hinzuhalten weiß, vor dem Schreckbild klageweiser Geltendmachung durch den einzelnen Gläubiger geringe Scheu empfinden.

Wären aber in Wahrheit die befürchteten Uebelstände, welche sich dann nur durch eingreifende Aenderung des Konkursverfahrens selbst beseitigen ließen, so gewichtig und wäre denselben wirklich durch die Gestaltung des Einzelangriffs abzuhelfen, so greift doch das Mittel, welches der Entwurf empfiehlt, so sehr über das erstrebte Ziel hinaus, daß es zur höchsten Ungerechtigkeit führt.

Böswillige, ja nachlässige Genossen mag die ganze Härte des Gesetzes treffen. Aber es erscheint völlig unstatthaft, für den böswilligen oder nachlässigen zahlungsfähigen Genossen, welcher das geordnete Umlageverfahren frustirt, die völlig schuldlosen Genossen leiden zu lassen. Der vorstehend (unter 1) wörtlich angeführte Satz der Motive, welcher mit beredten Worten die Pflicht des einzelnen Genossen zur Vorsicht und Selbstthätigkeit in Leitung und Beaufsichtigung hervorhebt, trifft gar nicht die vorliegende Frage. Vielmehr enthält schon das Interesse der zahlenden Mitglieder an der gleichen Zahlung aller übrigen für die ersteren den denkbar stärksten Antrieb, auf diese Zahlung hinzuwirken, da sie ja im letzten Ergebniß für den Ausfall aufzukommen haben; aber diesem Interesse entspricht auf ihrer Seite kein anderes Zwangsmittel gegen die Renitenten, als die durch die Gesammtheit (den Konkursverwalter, Gläubigerausschuß 2c.) durchzuführende Beitreibung.

Traut man somit der Energie des Konkursverwalters bezw. Gläudigerausschusses nicht, befürchtet man ferner den ja denkbaren Einfluß von Vetterschaft und dgl. in der Genossenschaft, so mag das Gesetz bestimmen, daß diejenigen Genossen, welche innerhalb der zweimonatlichen Frist ihrer Nachschußverpflichtung nicht nachgekommen sind, auf Höhe der ihnen obliegenden Umlage — ja, will man noch strenger zu Werke gehen, auf Höhe der ganzen Ausfallsschuld — dem direkten Einzelangriff der Gläubiger ausgesetzt sind; sogar die direkte Exekution Seitens der Gläubiger ließe sich, vorbehaltlich natürlich der persönlichen Einwendungen und nach gehöriger Feststellung der Genosseneigenschaft, durchaus vertheidigen.

Einem derartigen Kompromißvorschlag, welchen ich selbst in der Sachverständigenkonferenz gestellt und unter vielseitiger Zustimmung begründet habe, welchen aber die Verfasser des Entwurfs einfach ablehnen (Motive S. 61. 194), wird man sich anschließen dürfen, ohne dadurch wider das Prinzip des Umlageverfahrens und wider die einleuchtendsten Anforderungen der Billigkeit zu verstoßen.

3. In wesentlicher Uebereinstimmung mit den Motiven (S. 59. 195) hat der Genossenschaftsanwalt Dr. Schenck (s. namentlich Verhandlungen des Schlesischen Verbandstages S. 48, auch Bl. für Genossenschaftswesen 1888 Nr. 23 ff.), die Unbedenklichkeit des Einzelangriffs damit zu begründen versucht, daß „es nach dem verbesserten Umlageverfahren kaum möglich sei, daß irgend ein Gläubiger noch nicht vollständig befriedigt sei". Wäre dem aber so, so versteht es sich doch nach den bekanntesten Regeln der Gesetzespolitik, daß für einen allenfalls denkbaren, aber höchst unwahrscheinlichen Ausnahmefall nicht gesetzliche Bestimmungen getroffen werden, welche mit den schwersten praktischen Nachtheilen, mindestens in der Vorstellung der Betheiligten, verknüpft sind. Die legislative Kunst besteht ja vornehmlich in der weisen Beschränkung auf das praktisch Nothwendige; daß nicht jeder denkbare Ausnahmefall der gesetzlichen Regelung bedürftig, ja auch nur fähig ist, hat schon die erprobte Weisheit der römischen Juristen erkannt und gelehrt[12]). Man wäre sonst versucht, an die Argumentation mancher Philosophen und Staatsmänner zu denken, welche die Androhung der Todesstrafe mit der Motivirung empfehlen, daß von dieser Androhung niemals Gebrauch gemacht werden würde! Immerhin bestände zwischen dieser Argumentation und der vorliegenden der wichtige Unterschied, daß die Todesstrafe doch nur gegen den Schuldigen und nur nach Maßgabe staatlicher Anordnung angedroht wird, dagegen die Strafe des Einzelangriffs auch den völlig Schuldlosen nach Willkür jedes einzelnen Gläubigers treffen kann.

12) L. 3—6 D. de legibus (1, 3).

Daß diese ungeheure Gefahr des einzelnen Genossen sogar in Genossenschaftskreisen übersehen werden kann, erscheint allerdings schwer begreiflich.

4. Diese in den Motiven (S. 60—61) doch allzu euphemistisch als „scheinbare Härte" bezeichnete Gefahr und Unbill soll nach diesen Motiven a. a. O. ihre „Beseitigung" finden durch „das Regreßrecht, welches den Genossen gegen die Genossenschaft unzweifelhaft zukommt. Der direkte Zugriff der Gläubiger ändere somit für die Genossen selbst an dem Ergebniß, welches ohne den Zugriff eingetreten wäre, sachlich nichts. Das Recht der Gläubiger, sich geeignetenfalls unter den haftpflichtigen Genossen diejenigen auszusuchen, welche sie in Anspruch nehmen wollen, bewirke hiernach nur eine Aenderung der Parteirolle und nicht der Haftpflicht."

Dieses „nur" charakterisirt mehr als alles Andere die ganz formalistische Behandlung der wichtigen Frage. Macht es denn im praktischen Effekt wirklich keinen Unterschied, ob ich 200,000 oder auch nur 100,000 *M.* sofort zahlen muß, wenngleich mit der sogar sicheren Aussicht, später diese 200,000 oder 100,000 *M.* wiederzuerlangen oder ob ich nichts zu zahlen brauche?! **Plus est in re, quam in actione**, sagen schon die praktischen römischen Juristen: was ich zahlen muß, wenngleich mit dem klagbaren Anspruch auf Wiedererlangung, ist einstweilen für mich verloren. Von den 400 Genossen, welche ihrer Vor- und Nachschuß-Pflicht vollkommen genügt haben, werden 1, 2, 5, 10 auf Zahlung des Gesammtschuldrestes von 200,000 *M.* durch den Einzelangriff herausgegriffen. Bevor sie ihre „Auslage" ersetzt erhalten, werden sie in zahllosen Fällen völlig ruinirt sein. Zumal diejenigen Gesellschaftskreise, aus denen bekanntlich weitaus die Hauptmasse der Erwerbs- und Wirthschaftsgenossenschaften besteht: die kleinen Geschäftsleute, Handwerker, Kaufleute können eben gar nicht oder, zumal nach dem Zusammenbruch derjenigen Genossenschaft, welche ihren Kreditbedarf vermittelt hat, nur unter unerschwinglichen Opfern mit einem Male große Summen aufbringen, auch wenn die Aussicht auf deren Wiedererlangung noch so sicher wäre. Ohnehin tritt dieser Ersatz häufig erst nach jahrlangen Weiterungen ein und es kann in der Zwischenzeit sich die thatsächliche Möglichkeit des Regresses vollständig verschoben, es können die früher solventen Genossen zahlungsunfähig geworden sein, die Befriedigungsmittel bei Seite geschafft haben u. s. f. Befürchten die Verfasser des Entwurfs Nachlässigkeit des Konkursverwalters, so liegt doch die Gefahr der Verschleppung besonders nahe, nachdem die Gläubiger bereits durch einige Genossen völlig befriedigt sind, kein treibender Gläubigerausschuß mehr dahintersteht und nun das lediglich zur Ausgleichung dienende Umlageverfahren sich mühsam und schläfrig abwickelt. Die Vorschläge des Entwurfs führen dahin, was derselbe vermeiden will: das Umlageverfahren gerade in seinem letzten und wichtigsten Stadium zu einem bloßen Ausgleichungsverfahren unter den Genossen herabzudrücken, statt ihm die allein richtige Stellung eines die Regreßnahme unter den Genossen verhindernden Ausgleichungsverfahrens gegenüber den Gläubigern konsequent zu erhalten.

5. Zum Erweise, daß „die direkte Haftpflicht in ihrer reformirten Gestaltung nicht blos ein unbedenkliches, sondern auch ein unentbehrliches Element in dem Kreditorganismus der Genossenschaften bildet und durch die bloße indirekte Haft nicht zu ersetzen ist" (Motive S. 63) wird endlich ein letzter Grund angeführt: die Rechtsstellung der ausgeschiedenen, aber noch den Gläubigern haftenden Genossen. Weil nämlich für diese das Umlageverfahren unthunlich sei, so müsse nothwendig die direkte Haftpflicht auch der noch in der Genossenschaft verbliebenen Mitglieder statuirt werden (Motive S. 61 ff).

Es leuchtet ein, daß diese Begründung wider alle legislativen Grundsätze verstößt. Wollte man nämlich auch zugeben — was zu erweisen ist und später erörtert werden soll — daß die ausgeschiedenen Genossen nicht zum Umlageverfahren herangezogen werden können und um deswillen der direkten Haftung unterliegen müssen, so können doch augenscheinlich nicht aus diesem Grunde auch die noch in der Genossenschaft stehenden Mitglieder dem Umlageverfahren unterworfen werden. Man sollte umgekehrt den Schluß erwarten: Weil für die letzteren das Umlageverfahren besteht, ist gegen sie der Einzelangriff entbehrlich. Wollte man aber auch nicht soweit gehen, so ist doch offenbar der gerade entgegengesetzte Schluß durchaus unstatthaft. Die Deduktion lautet: Klasse a (gegenwärtige Mitglieder) ist dem Umlageverfahren unterworfen, Klasse b (ausgeschiedene Mitglieder) nicht (nämlich nicht nach Feststellung des Entwurfs); weil Klasse b dem Umlageverfahren nicht unterworfen ist, muß gegen sie der Einzelangriff bestehen — folglich auch gegen Klasse a.

Und wenn diese Argumentation ersichtlich allen Denkgesetzen zuwiderläuft, wo findet sich denn auch nur der Schatten eines Zweckmäßigkeitsgrundes, weshalb die Klassen a und b, sofern sie einander hinsichtlich der Betheiligung am Umlageverfahren nicht gleichgestellt werden können, einander hinsichtlich des Einzelangriffs gleichstehen müssen? Auch wenn die logische Gleichstellung der Klassen a und b nicht auf einem evident unrichtigen Schlusse beruhte, wenn also logisch an sich für die bereits ausgeschiedenen und die gegenwärtigen Mitglieder der Genossenschaft der gleiche Rechtssatz (Statthaftigkeit des Einzelangriffs) zu gelten hätte, so wäre damit die praktisch gleiche Behandlung in diesem Punkte in keiner Weise gerechtfertigt.

Nicht die rein formale logische Konsequenz, sondern die innerliche Zweckmäßigkeit ist oberste Richtschnur der Gesetzgebung. Unsere Gesetze sind nicht und sollen nicht sein metaphysische Denksysteme, sondern zweckentsprechende Regeln für das sociale Leben.

Was außerhalb der Motive des Gesetzentwurfs in neuester Zeit für und gegen das System des Einzelangriffs in längeren und kürzeren Darstellungen geschrieben und gesagt worden ist[13]), dürfte bereits in der vorstehenden ausführlichen Erörterung seine ausreichende Würdigung gefunden haben.

Für die volle Beseitigung des Einzelangriffs sprechen nicht allein alle Zweckmäßigkeits- und Erfahrungsgründe, sondern sogar — was ja in zweiter Linie steht — alle Gründe juristischer Konsequenz. Die auf dem Vereinstage mit großer Sicherheit aufgestellte Behauptung, daß die „Solidarhaftung" selbstverständlich oder gar nothwendig den Einzelangriff bedinge, beruht auf Rechtsunkenntniß.

Ist, ganz entsprechend dem Wesen und Zweck der gegenwärtigen Erwerbs- und Wirthschaftsgenossenschaften, in dem reformirten Umlageverfahren des Entwurfs die Solidarhaftung der Genossen gegen die Gläubiger zu einer modificirt solidaren Deckungspflicht der Genossen gegen die Genossenschaft ausgestaltet, welcher ihrerseits die Befriedigung der Genossenschaftsgläubiger obliegt, so läßt sich nicht gleichzeitig die reine und abstrakte, wenngleich subsidiäre direkte Solidarhaftung der Genossen statuiren, ohne das System des Gesetzes in sein Gegentheil zu verkehren. Hinter der prinzipalen Haftung der Genossenschaft, welche unzweifelhaft eine juristische Person ist[14]), steht[15]) die gesetzliche bürgschaftsähnliche (unbeschränkte oder beschränkte) und stets solidare Verpflichtung der Genossen, mittelst Vor- und Nachschüsse der Genossenschaft für die volle Befriedigung der Genossenschaftsgläubiger aufzukommen. Besteht so ein Recht der Genossen-

13) Vgl. Dr. Schenck, in den Blättern für Genossenschaftswesen 1888 Nr. 13 ff. insbes. 23 ff. Dr. Schultz eod. Nr. 31—33, Verhandlungen des Schlesischen Verbandstages 1888 S. 42—59. 116—118. Dr. Hertz und Dr. Glackemeyer in der Zeitschrift „Die Deutsche Genossenschaft" 1888, insbes. Nr. 3. 5. 7. 8. 15—19. Mathies in den Bl. f. Genossenschaftswesen 1888 Nr. 33.

14) S. auch Urtheile des Reichsgerichts in Civilsachen Bd. III S. 11. Bd. VIII S. 5. Gierke, die Genossenschaftstheorie und die deutsche Rechtsprechung (1887) S. 42 ff.

15) S meine Schrift S. 56 ff. Gierke, Kritische Vierteljahrsschrift für Gesetzgebung und Rechtswissenschaft Bd. 24 S. 393. 402 und Genossenschaftstheorie S. 302. Reinartz a. a. O. S. 92 ff.

schaft und nur dieser wider die Genossen — aber ein Recht, welches, wie erforderlichenfalls noch ausdrücklich gesagt werden mag, zugleich im Interesse der Gläubiger unverkürzbar und unverzichtbar ist — so kann nicht in irgend einem Zeitpunkte gleichzeitig der Genosse den Genossenschaftsgläubigern oder gar einem einzelnen Gläubiger zur Zahlung verbunden sein und es ließe sich höchstens strafweise gegen den im Umlageverfahren säumigen Genossen der Einzelangriff rechtfertigen. Was würde man von der gesetzgeberischen Weisheit eines Hadrian oder Justinian sagen, wenn diese verfügt hätten: die mehreren Bürgen sollen freilich nur in ihrer Gesammtheit (modificirt solidar) haften und es soll der Richter das erforderliche Umlageverfahren strikt durchführen; sobald aber der Richter es unterläßt, die solventen Mitbürgen zur Erfüllung ihrer Verbindlichkeit anzuhalten, sollen die übrigen solventen Mitbürgen, welche ihrer Pflicht genügt haben, von den Gläubigern auf den ganzen Schuldrest belangt werden dürfen, so als ob keine Theilung (Umlageverfahren) stattgefunden hätte?!

Dazu tritt, daß die für so komplizirte Organismen wie die heutigen Erwerbs- und Wirthschaftsgenossenschaften allein geeignete s. g. indirekte Haftung oder Deckungspflicht nicht allein bereits von einzelnen, freilich zur Zeit nicht eintragsfähigen Genossenschaften adoptirt ist[16], sondern auch in dem Sächsischen Gesetz, die juristischen Personen betreffend vom 15. Juni 1868 — welches um der Uniformirung des Genossenschaftsrechts willen später in seinen die Genossenschaften betreffenden Bestimmungen beseitigt worden ist, Regelung erfahren hat: § 11, Z. 6 und Absatz 2, §§ 61—69, endlich sowohl für die verwandten Waldgenossenschaften wie für „freie“ und öffentliche Wassergenossenschaften durch die Preußischen Gesetze vom 6. Juli 1875 (G.-S. S: 416 ff.) § 43 und vom 1. April 1879 (G.-S. S. 279 ff.) §§ 24 und 52 durchgeführt worden ist.

Insbesondere ist § 24 dieses Gesetzes, welcher die Verhältnisse der freien Wassergenossenschaften regelt, hervorzuheben:

„Für die Verbindlichkeiten der Genossenschaft haftet deren Vermögen.

Genügt dasselbe zur Befriedigung der Gläubiger nicht, so ist die Genossenschaft den Gläubigern verpflichtet, die Erfüllung der Verbindlichkeiten durch Beiträge zu bewirken, welche von dem Vorstande bezw. von den Liquidatoren nach dem im Statut festgesetzten Theilnahmeverhältniß auf die Genossen umzulegen und erforderlichenfalls durch Klage beizutreiben sind.

16) Vgl. Urtheil des Reichsgerichts v. 20. Dezember 1886 (Seuffert's Archiv, Bd. 42, Nr. 138).

Ist zur Beitreibung der Beiträge die Zwangsvollstreckung gegen einen Genossen ganz oder theilweise fruchtlos geblieben, so ist der Ausfall auf die übrigen Genossen in gleicher Weise zu vertheilen. Dasselbe findet statt, wenn über das Vermögen eines Genossen das Konkursverfahren eröffnet worden ist, unbeschadet des Rechts der Genossenschaft, ihre Forderungen auf die Beiträge im Konkursverfahren zur Geltung zu bringen."

Und wenn unbedenklich zugegeben werden darf, daß Wald- und Wasser-Genossenschaften auf einen viel geschlosseneren Interessentenkreis beschränkt zu sein pflegen, auch im geringeren Maße auf persönlichen Kredit angewiesen sind, so hat doch der Gesetzgeber unzweideutig anerkannt, daß die Interessen ihrer Gläubiger durch das bloße Deckungssystem ausreichend gesichert erscheinen und daß der Einzelangriff so unnöthig wie nachtheilig sei.

Bereits Schulze-Delitzsch hat wiederholt[17]) darauf hingewiesen, daß dieses System — gegen die Regierungsvorlage — erst durch Beschluß des Preußischen Abgeordnetenhauses zur Geltung gelangt ist. Für die Erwerbs- und Wirthschafts-Genossenschaften stände dem Deutschen Reichstage die gleiche durchaus freie Erwägung zu. —

Wenn aber aus der Geschichte des Deutschen Genossenschaftswesens, welches ja unter dem bestehenden Gesetz zu erfreulicher Blüthe gediehen ist, der Schluß gezogen wird, daß der im Gesetzentwurf aufrechterhaltene immerhin sehr erheblich eingeschränkte Einzelangriff dem Gedeihen der Genossenschaften nicht hinderlich sein könne, so bewegt man sich, nach meiner Ueberzeugung, in einem sehr verhängnißvollen Irrthum.

Als die Deutschen Genossenschaften entstanden, mußte man nothgedrungen das strengste System der Haftpflicht wählen und vermochte nur dessen allmähliche Milderung anzubahnen. Auch entbehrte man ausreichender Erfahrungen über dessen wirthschaftliche, ja sociale Gefahren. Als aber in den 70er Jahren Krisen hereinbrachen und nunmehr der Einzelangriff als besonders bedrohlich empfunden wurde, fügte man sich zeitweise in die Mißstände, weil man der bewährten Kraft und Energie Schulze-Delitzsch's vertraute, es werde sich ein System finden lassen, welches eine rationelle Befriedigung der Gläubiger ohne den verhaßten Einzelangriff ermögliche. Sogar in den Motiven des vorliegenden Gesetzentwurfes (S. 55) wird ausdrücklich anerkannt, daß bei den Katastrophen, welche „in einzelnen Fällen den Charakter wahrer Kalamitäten für die davon betroffenen Bezirke angenommen haben", nicht bloß der Umfang

17) Vgl. z. B. Material zur Revision des Genossenschaftsgesetzes, S. 43.

der von Einzelnen zu tragenden Verluste, sondern namentlich die Unbestimmtheit und Unübersehbarkeit derselben „und die andauernde Besorgniß, aus der Zahl der Genossen von den Gläubigern allein herausgegriffen zu werden", verderblich gewirkt habe.

Nur jenes Vertrauen hat, wie mit aller Bestimmtheit behauptet werden darf, bisher zahlreiche und wohl namentlich die vermögendsten Mitglieder der Genossenschaften von der Fahnenflucht abgehalten. Ergäbe sich aber als Frucht so vieljähriger Reformarbeit, daß gerade dieser in den Genossenschaftskreisen bisher für entscheidend erachtete Reformgedanke an dem Widerstande der Bundesregierungen scheitert — und daß mit dem jetzt in Frage stehenden Gesetz auf lange hinaus die Reform des Genossenschaftsrechts abgeschlossen wird, dürfte doch keinem Zweifel unterliegen — so sind, nach meiner Ueberzeugung, sehr schwere Folgen unvermeidlich. Es werden sich einerseits — was ich, obwohl ja die entsprechenden Bestimmungen des Entwurfs zum erheblichen Theil auf meinen Vorschlägen beruhen, für keineswegs wünschenswerth erachte — sehr zahlreiche Vorschußvereine in Genossenschaften mit beschränkter Haftpflicht oder gar in Aktienvereine umwandeln; es werden andererseits gerade die vermögendsten Mitglieder, vornehmlich diejenigen, welche bisher aus uneigennützigem Wohlwollen den Genossenschaften die Stütze ihrer Mitgliedschaft gewährt haben, sich zurückziehen, nicht gewillt, fernerhin das Damoklesschwert des Einzelangriffs über ihren Häuptern schweben zu lassen.

Man sehe nur z. B. die völlig unzweideutigen Erklärungen sehr angesehener Mitglieder von Genossenschaften auf dem Schlesischen Verbandstage (Verhandlungen S. 56—59).

Können die Erwerbs- und Wirthschafts-Genossenschaften inmitten eines mit steigender Erbitterung geführten Interessenkampfes und gegenüber der wachsenden Beherrschung von Verkehr und Geldmarkt durch die großen Kapitalmächte sich nur durch selbstlose Hingabe Vieler an die gemeinnützigen Genossenschaftszwecke behaupten, so hat die Reformgesetzgebung sicher allen Grund, mit äußerster Vorsicht jeden Schritt zu vermeiden, welcher nothwendig diese Hingabe abschwächen oder gar vernichten muß. Die jetzt aufgestellte Behauptung aber, daß der „Kredit" der Erwerbs- und Wirthschaftsgenossenschaften die Beibehaltung des Einzelangriffs erfordere, hat in den von dem früheren und dem gegenwärtigen Genossenschaftsanwalt beantragten einstimmigen Beschlüssen zweier Allgemeiner Vereinstage und in früheren beredten Ausführungen des gegenwärtigen Genossenschaftsanwalts selbst seine ausreichende Widerlegung erfahren. In dieser Beziehung sind doch augenscheinlich die Genossenschaften selbst die besten, ja einzig kompetenten Sachverständigen und ich vermag nicht einzusehen, wie die von vielen Seiten für juristisch zutreffend erachteten Ausführungen der Gesetzmotive in dieser, ausschließlich aus Lebenserfahrung und genauer Kenntniß der Verkehrsbedürfnisse zu entscheidenden Frage eine Meinungsänderung zu bewirken vermögen. Praktische Männer können sich vielleicht darüber täuschen, ob der Einzelangriff mit dem Bestande und den wahren Interessen der Genossenschaften verträglich sei; nicht aber darüber, ob der Einzelangriff für ihren Bestand und ihr Gedeihen erforderlich sei. Ich selbst war früher der Ansicht, daß man den einzelnen Genossenschaften die Wahl eines strengsten oder eines milden Kreditsystems überlassen solle, d. h. die Wahl zwischen dem System der direkten und sogar prinzipalen streng solidaren Haftung der einzelnen Genossen und dem System der bloßen indirekten Haftung (modifizirt solidares Deckungssystem). Wird dieses Wahlrecht nicht begehrt, entscheidet man sich für das bloße Deckungssystem aus dem doppelten Grunde, weil der Kredit der Genossenschaften ein strengeres System nicht erfordere und weil der Einzelangriff für den Bestand der Genossenschaften gefährdend sei, so ließe sich verstehen, daß man sich von der Irrigkeit des zweiten Grundes überzeugt, aber kaum, daß man auch hinsichtlich des ersten Grundes zu der gegentheiligen Ueberzeugung bekehrt werde.

II. Die Heranziehung ausgeschiedener Genossen zum Umlageverfahren.

Die Bilanz der Genossenschaft hat per 31. Dezember 1888 einen wirklichen oder anscheinenden Ueberschuß der Activa über die Passiva von 50,000 *M.* ergeben. Per 31. Dezember 1888 sind 50 Mitglieder ausgeschieden. Es sind zwei Fälle möglich:

1. Löst sich die Genossenschaft bis zum 30. Juni 1889 einschließlich auf (nach geltendem Recht: bis zum 31. März 1889 einschließlich), so ist zu unterscheiden:

   a. Die Ausgeschiedenen haben sich mit der Genossenschaft nicht auseinandergesetzt, aber ihr Geschäftsguthaben an einen Anderen (delegationsweise) übertragen. Verfällt dann die Genossenschaft später in Konkurs, so sind die ausgeschiedenen Genossen für diejenigen Nachschüsse, welche ihnen (unter Berücksichtigung ihrer Guthaben) im Falle ihres nicht erfolgten Ausscheidens obgelegen hätten, zum Umlageverfahren heranzuziehen, aber erst subsidiär, nämlich erst hinter den Erwerbern ihrer Geschäftsguthaben.

(Der sechsmonatliche Termin kann in diesem Falle übrigens auch vom Zeitpunkte des Ausscheidens an laufen, da diese Art des Ausscheidens an einen bestimmten Zeitpunkt nicht gebunden ist.) Vgl. Entw. § 70 und Motive S. 151 ff.

b. Die Ausgeschiedenen haben sich mit der Genossenschaft auseinandergesetzt, eine Uebertragung der Geschäftsguthaben an Andere hat nicht stattgefunden. In diesem Falle werden die Ausgeschiedenen schlechthin so behandelt, als wenn sie noch Mitglieder der Genossenschaft wären: die sogar vollzogene Auseinandersetzung wird rescindirt. Sie haben somit kein Recht auf Herauszahlung ihres „Guthabens", müssen vielmehr das Empfangene zurückzahlen. Sie haben Pflicht wie Recht der Heranziehung zum Umlageverfahren (Vorschuß- und Nachschuß-Verfahren) ganz so, als ob ihr Ausscheiden nicht erfolgt wäre, werden also nicht lediglich mit ihrem bilanzmäßigen Verlustantheil zur kompensatorischen oder gar mittelst Zuschußleistung bewirkten Deckung des bilanzmäßigen oder später sich ergebenden Ausfalles herangezogen. Vgl. Entwurf §§ 68, 69.

2) Die Genossenschaft löst sich am 1. Juli 1889 oder später auf. In diesem Falle haben die Ausgeschiedenen, welche sich — was, von dem Falle der Delegation (1. a) abgesehen, stets gesetzlich nothwendig ist — mit der Genossenschaft auseinandergesetzt haben, die Stellung von einfachen Konkursgläubigern der Genossenschaft hinsichtlich ihres bei der Auseinandersetzung festgestellten Guthabens, von gemeinen Schuldnern der Genossenschaft hinsichtlich des ihnen nach der Auseinandersetzung obliegenden Zuschusses. Sie brauchen das etwa als „Guthaben" Empfangene nicht zu restituiren und haben weder Recht noch Pflicht der Betheiligung am Umlageverfahren. Daß sie gleichwohl, zwar nicht passiv, aber aktiv später in dasselbe hineingezogen werden können, (Entwurf § 112), wird sich alsbald ergeben.

Hinsichtlich ihrer Betheiligung am Umlageverfahren unterliegen somit die ausgeschiedenen Genossen einer durchaus verschiedenen Behandlung:

1) je nachdem die Auflösung der Genossenschaft binnen oder nach Ablauf einer vom Zeitpunkt des Ausscheidens ab berechneten sechsmonatlichen Frist erfolgt ist;

2) im ersten Falle, je nachdem eine delegationsweise Uebertragung des Guthabens oder eine Auseinandersetzung mit der Genossenschaft stattgefunden hat.

Dagegen hinsichtlich ihrer Haftung gegenüber den Gläubigern gilt für alle Ausgeschiedenen das gleiche Recht.

Nämlich sie bleiben für die bis zum Zeitpunkte ihres Ausscheidens, welcher für die verschiedenen Kategorien nicht gleichmäßig berechnet, möglicherweise um ein ganzes Jahr nachdatirt wird (Entwurf §§ 65, 70), eingegangenen Genossenschaftsschulden den Genossenschaftsgläubigern und zwar jedem einzelnen derselben solidarisch ohne Theilungswohlthat und mit ihrem ganzen Vermögen, obwohl nur subsidiär für die aus dem Vermögen der Genossenschaft einerseits, durch Vorschüsse und Nachschüsse der in der Genossenschaft verbliebenen Mitglieder bis zu dem gesetzlichen Zeitpunkte andererseits nicht gedeckte „Ausfallsschuld" verhaftet, und zwar:

1) schlechthin 3 Jahre lang, vom Zeitpunkte ihres Ausscheidens ab berechnet. Diese 3 Jahre bilden keine Verjährungszeit, sondern eine gesetzliche Befristung;
2) wird innerhalb dieser 3 Jahre das Konkursverfahren über das Genossenschaftsvermögen eröffnet, so besteht diese Haftung fort bis zum Ablauf von 2 Jahren, beginnend mit der in § 110 festgestellten Frist. Diese 2 Jahre bilden eine, in manchen Beziehungen privilegirte Verjährungsfrist.[18])

Angenommen, daß — um eine mittlere Zahl zu nehmen — der Konkurs über das Genossenschaftsvermögen 18 Monate nach dem Ausscheiden eröffnet wird, daß bis zum Vollzug der Schlußvertheilung (Entwurf § 103) auch nur ein Jahr verfließt, bis zur Vollstreckbarerklärung der Nachschußberechnung weitere 6 Monate (Entwurf §§ 103, 110), und nunmehr nach Verlauf weiterer 2 Monate (Entwurf § 110) der Lauf der zweijährigen Verjährungsfrist beginnt, so würde die Dauer der solidaren und unbeschränkten Haftung der Ausgeschiedenen gegenüber den Genossenschaftsgläubigern sich auf den Zeitraum von 5 Jahren 2 Monaten erstrecken — sie kann aber sehr leicht auf 6, 7 und mehr Jahre sich erstrecken.

Bleiben wir bei der vorstehenden Durchschnittsberechnung, so dürfen nach Verlauf von 3 Jahren 2 Monaten seit dem Ausscheiden die Ausgeschiedenen von den Gläubigern belangt werden auf Höhe der ganzen Ausfallsschuld (Entw. §§ 71, 110), ganz gleich den in der Genossenschaft verbliebenen Mitgliedern, ja anscheinend vor diesen dadurch begünstigt, daß sie zu dem Umlageverfahren nicht herangezogen worden sind, also bis dahin aus eigenem Vermögen nichts zugeschossen haben.

Aber gleichzeitig ist auch ihre Lage eine weitaus ungünstigere als die Situation der gegenwärtigen Genossenschaftsmitglieder. Die letzteren haben immerhin in dem Vorstand bezw. den Liquidatoren ihre natürlichen

18) Vgl. Entwurf §§ 71, 111 und Motive S. 154, 155, 198.

Vertreter, den ausgeschiedenen fehlen solche durchaus. Gleichwohl gilt auch gegen sie, daß sie eine von dem Vorstand oder den Liquidatoren nicht ausdrücklich bestrittene vom Gericht festgestellte Forderung nicht bestreiten können, daß ein gegen den Vorstand bezw. die Liquidatoren hinsichtlich einer bestrittenen Forderung ergangenes rechtskräftiges Urtheil auch ihnen gegenüber wirkt (Entwurf § 111, Abs. 2, 3, vgl. § 104, Abs. 2) — von dem ja zustehenden Interventionsrecht (Civilprozeßordnung § 63 ff.) dürfte schwerlich je Gebrauch gemacht werden.

Allerdings hat der vielleicht nach Ablauf vieler Jahre nach seinem Ausscheiden durch den Einzelangriff von Gläubigern ruinirte Genosse, welcher sich mit der Genossenschaft auseinandergesetzt hatte, den Rückgriff gegen die Genossenschaft und zwar auf den vollen Betrag des Gezahlten, allenfalls gegen die einzelnen, in gleicher Lage befindlichen ausgeschiedenen Genossen (Entwurf §§ 68, 112 und Motive S. 63, 200) — indeß wie geringen Schutz dieses Regreßrecht praktisch gewährt, ist bereits im ersten Abschnitt erörtert.

Da ich mich strenge auf die Beantwortung der mir vorgelegten Fragen beschränke, so steht hier nicht zu prüfen, ob die im Entwurf angenommene Haftungsdauer der ausgeschiedenen Genossen gerechtfertigt erscheint. Wie dem aber auch sei, so ist sehr zu befürchten, daß in Zukunft kein irgend vorsichtiger Mann, welcher dem Gesammtinhalt des so eben in seinen praktischen Konsequenzen klargelegten Gesetzes genau erwägt, sich einer unter diesem Gesetz stehenden Genossenschaft anschließen wird, da er durch sein Ausscheiden aus derselben in eine fast noch bedenklichere Lage gerathen würde, als — die Statthaftigkeit des Einzelangriffs überall vorausgesetzt — durch sein Verbleiben in der Genossenschaft.

Auch davon kann abgesehen werden, ob die Nichtheranziehung der ausgeschiedenen Genossen zum Umlageverfahren dem geltenden Recht entspricht, zumal die bis zur Aenderung der Judikatur maßgebende Autorität des Reichsgerichts dieser Annahme zur Seite steht.

Immerhin ist bekannt, daß der die Grundlage des geltenden Gesetzes bildende Gesetzentwurf von Schulze-Delitzsch unzweideutig das Gegentheil vorgeschlagen hat und wie jeder Anhalt fehlt, daß die Civilprozeßkommission durch ihre Fassungsänderung in diesem wichtigen Punkte eine Aenderung des Gesetzentwurfes beabsichtigt habe, Bundesrath und Reichstag aber auf die einzelnen Bestimmungen des Entwurfes überhaupt nicht eingegangen sind.[19])

Es ist weiter klar, daß die Rechtsgründe, mit welchen die Aus-

19) Vgl. meine Schrift S. 19 ff.

schließung der Ausgeschiedenen vom Umlageverfahren bisher vertreten worden ist, lediglich dem Umlageverfahren des zur Zeit geltenden Rechts entnommen sind, nicht aber auch für die völlig veränderte Gestalt desjenigen Umlageverfahrens, welches der vorliegende Entwurf aufstellt, zutreffen.

Wenn die ausgeschiedenen Genossenschafter durch die vollzogene Auseinandersetzung nach Recht und Pflicht aus jedem Rechtsverbande zur Genossenschaft herausgetreten sind und wenn gleichzeitig das Umlageverfahren eine lediglich innere Angelegenheit der Genossenschaft bildet, welche zwar thatsächlich, aber nicht rechtlich die Lage der Genossenschaftsgläubiger und der diesen haftenden (gegenwärtigen und früheren) Genossen berührt, wenn diese beiden Prämissen zutreffen, so läßt sich freilich, wie ich dies stets anerkannt habe[20]), die Heranziehung der Ausgeschiedenen zum Umlageverfahren, wie zweckmäßig sie auch im Uebrigen erscheinen mag, mit den Prinzipien des geltenden Rechts schwer in Einklang bringen.

Wird hingegen, wie im Entwurf geschieht und im ersten Theil dieser Erörterungen eingehend dargelegt ist, das Umlageverfahren als integrirender Bestandtheil des Konkursverfahrens anerkannt, als Recht und Pflicht zugleich der Gläubiger, trägt es und muß es naturgemäß den Charakter eines **auxilium divisionis** tragen, so verschiebt sich augenscheinlich die Sachlage auch juristisch vollkommen.

Dies hat denn auch bereits das Reichsgericht selbst (Urtheil des I. Civilsenats vom 27. September 1886 i. S. des Vorschußvereins zu Treptow c. Sch. u. Gen. [Beiträge von Rassow u. Küntzel Bd. XXXI, S. 90 ff. — auch in den Blättern für Genossenschaftswesen, 1887, No. 8]) ausdrücklich anerkannt. „Wäre — heißt es hier wörtlich — (in dem geltenden Gesetz) den Genossenschaftsgläubigern das Recht beigelegt worden, insgesammt durch ein sie vertretendes Organ gegen die Gesammtheit der persönlich haftenden Genossenschafter unter Umlegung der zu deckenden Schuld auf die einzelnen Genossenschafter (nach Köpfen) vorzugehen, so würde es sich von selbst verstanden haben, daß das Umlageverfahren auch gegen ausgeschiedene Genossenschafter gerichtet werden könnte, so lange sie gemäß § 39, Abs. 1 des Genossenschaftsgesetzes den Gläubigern verhaftet sind“. Aber, heißt es weiter, ein derartiges Umlageverfahren sei dem geltenden Gesetz (vom 4. Juli 1868) fremd.

Dem gegenüber ist es auffällig, daß die Motive S. 61 ff. — und entsprechend Dr. Schenck in den Blättern für Genossenschaftswesen 1888

20) Vgl. meine Schrift S. 25, Entscheidungen des Reichsgerichts. Bd. VIII, S. 72.

Nr. 22 — obwohl sie ja wiederholt und sehr scharf die Verschiedenheit des im Entwurf geplanten Umlageverfahrens von dem Umlageverfahren des bestehenden Gesetzes betonen, und S. 58 sogar wörtlich ausführen:

> „Um den Gläubigern die ihnen zuzubilligende Einwirkung auf die Feststellung und Einziehung der von den Genossen zu leistenden Beiträge zu sichern, darf das Verfahren nicht wie bisher dem Vorstand, unabhängig vom Konkursverwalter, sondern muß dem letzteren übertragen werden, unter der Beaufsichtigung des Konkursgerichts und Mitwirkung der Gläubiger in den durch die Konkursordnung gegebenen Schranken“,

ihre Gründe gegen die Heranziehung der Ausgeschiedenen zum Umlageverfahren nicht den Prinzipien des neuen, sondern den völlig abweichenden Prinzipien des alten Gesetzes entnehmen.

Indessen kommt es ja, wie schon mehrfach hervorgehoben ist, weniger auf die s. g. prinzipielle Korrektheit als auf Zweckmäßigkeit an. Es soll daher im Folgenden der Nachweis erbracht werden, daß die Heranziehung der ausgeschiedenen Genossen zum Umlageverfahren dem wahren Interesse der Genossenschaft, ihrer Gläubiger, ja der Ausgeschiedenen selbst entspricht. Nur versteht sich, daß hier Interessenkonflikte vorliegen und daß es ohne alle Schädigung auch berechtigter Interessen nicht abgeht. In solchem Falle besteht eben die Aufgabe des umsichtigen Gesetzgebers darin, denjenigen Weg zu wählen, welcher bei sorgsamster Erwägung im Ganzen und Großen als der zweckmäßigste erscheint.

Als solcher erscheint nicht die Ausschließung der Ausgeschiedenen vom Umlageverfahren, sondern deren Heranziehung.

1. Die Ausschließung der Ausgeschiedenen verhindert augenscheinlich die Aufstellung einer jeden sicheren Berechnung der zur Befriedigung der Gläubiger paraten Mittel. Findet die Auflösung der Genossenschaft bis zum 30. Juni 1889 statt, so hat der Konkursverwalter auch die seit 31. Dezember 1888 ausgeschiedenen 50 Genossen, ungeachtet der vollzogenen Auseinandersetzung, heranzuziehen; wenn am 1. Juli 1889, so soll dies unstatthaft sein. Da nun aber diese Ausgeschiedenen gleichwohl den Gläubigern haften, so kommen doch deren Leistungen indirekt der Genossenschaft zu Gute, wenn auch vorbehaltlich des in einem weiteren Nachschußverfahren (Entw. § 112) zu nehmenden Regresses. Anders ausgedrückt: die wirkliche Befriedigungsmasse ist unbekannt, bekannt ist nur die Passivmasse. Wollte man aber etwa behaupten, daß ja die Regreßsumme der Ausgeschiedenen mit dem im Umlageverfahren ihnen aus Genossenschaftsmitteln zu ersetzenden Betrage identisch sei, eine Umlage auf die

Ausgeschiedenen somit nicht ein Genossenschaftsaktivum darstelle, so würde man übersehen, daß die Regreßsumme — nach jedem System — erst in zweiter Linie steht, d. h. erst nach Befriedigung der Genossenschaftsgläubiger zur Perzeption kommt und daß die in der Zwischenzeit, insbesondere durch die bisherigen Zahlungen veränderten Solvenzverhältnisse der regreßpflichtigen Genossen den Regreßnehmern zum Nachtheil gereichen.

2. Das Interesse der Genossenschaft an der Heranziehung der Ausgeschiedenen liegt klar auf der Hand. Es ist ja bekannt, daß nur zu häufig bei ungünstigem Vermögensstande, ja bei irgend erheblichen Verlusten, zahlreiche Genossen austreten, um sich dem drohenden Umlageverfahren zu entziehen. Dies wird auch durch den gegenwärtigen Entwurf (Rückdatirung des Auflösungsbeschlusses um 6 Monate) nur erschwert, nicht verhindert. Will der Verein diese vielleicht vermögendsten Genossen zum Umlageverfahren heranziehen, so bleibt ihm nur das Mittel der Selbstvernichtung, d. h. der Auflösung binnen kurzer Frist. Gerade diese nothwendige Konsequenz des vom Entwurfe befolgten Systems hat den scharfen Widerspruch Schulze-Delitzsch's wie des gegenwärtigen Genossenschaftsanwalts, welcher sich jetzt auch in diesem Punkte auf die Seite des Entwurfs gestellt hat, hervorgerufen.

3. Anscheinend nicht so klar liegt das Interesse der Gläubiger. Es kann sich fragen, ob nicht, wenn der Einzelangriff beibehalten wird, einzelne Gläubiger es vorziehen werden, mit direkter Klage auf Zahlung der ganzen Ausfallsschuld wider die Ausgeschiedenen vorzugehen. Allein wenn man erwägt, daß dies erst in einem sehr späten Zeitpunkt geschehen kann, so dürften doch die Gläubiger im Durchschnitt das geordnete, ohne Bemühung von ihrer Seite zur Befriedigung führende Umlageverfahren dem immerhin beschwerlicheren und gehässigen Einzelangriff vorziehen. Ist der Einzelangriff überhaupt zum Schutz der Gläubiger nicht erforderlich, so auch nicht gegen die Ausgeschiedenen; erforderlich wird er nur, wenn man ohne Noth die Ausgeschiedenen vom Umlageverfahren ausschließt.

4. Verwickelter liegt die Frage nach dem Interesse der Ausgeschiedenen, weil eben ein Interessenkonflikt besteht.

Die Ausgeschiedenen, welche sich mit der Genossenschaft „auseinandergesetzt" haben, hoffen, daß sie für die Genossenschaftsschulden nicht werden in Anspruch genommen werden; jede Heranziehung zur Schuldendeckung ist ihnen selbstverständlich äußerst unerwünscht, ja wird von ihnen als ein Unrecht empfunden. Nun liegt aber die Alternative nicht so, wie von gegnerischer Seite argumentirt wird: Sollen die Ausgeschiedenen zum

Umlageverfahren herangezogen werden **oder** von jeder Haftungspflicht frei sein, sondern sie liegt so: Sollen die Ausgeschiedenen zum Umlageverfahren herangezogen werden **oder** dem Einzelangriff der Gläubiger, wenngleich erst in einem späteren Zeitpunkt, ausgesetzt sein?

Angenommen, daß der ohne Heranziehung der Ausgeschiedenen zum Umlageverfahren in dem kritischen Moment zu deckende Schuldrest 200 000 *M.* beträgt, für dessen Tilgung auch die im Laufe der letzten 2, 3, 4 Jahre vor diesem Zeitpunkte ausgeschiedenen 150 Genossen den Gläubigern aufzukommen haben, und man legt diesen 150 Personen die Frage vor:

> „Zieht Ihr es vor, im Umlageverfahren, also etwa innerhalb eines Jahres nach der Auflösung ein Jeder pro rata, etwa mit je 1000 *M.* im Wege der Umlage herangezogen zu werden, unter demnächstigem im weiteren Umlageverfahren zu nehmenden Regreß für die gezahlten 1000 *M.* an die Genossenschaft — **oder** wollt Ihr lieber der Gefahr ausgesetzt sein, daß nach Ablauf etwa eines weiteren Jahres oder weiterer 18 Monate jeder Einzelne von Euch beliebig auf den Betrag von 200 000 *M.* (100 000, 50 000 u. drgl.) belangt werde, vorbehaltlich seines Regresses gegen die Genossenschaft und gegen die in gleicher Haftlage befindlichen Genossen?"

so dürfte für einigermaßen vorsichtige und verständige Männer die Antwort kaum zweifelhaft sein. Ja sie dürften wohl mit gutem Grunde sagen: Der im Wesen der Erwerbs- und Wirthschafts-Genossenschaft liegende, gesetzlich verbürgte **freie Austritt** aus der Genossenschaft ist für uns ein **Fallstrick** geworden. Indem wir **jeder** Einwirkung auf die **Feststellung** der Genossenschaftsschuld und auf das **Umlageverfahren**, welches doch die **volle** Tilgung dieser Schuld und zwar durch **angemessene Vertheilung** auf die sämmtlichen einzelnen haftenden Genossen bezweckt, entbehren, sind wir in einer **ungünstigeren** Lage, als unsere in der Genossenschaft verbliebenen Genossen.

Die Versagung der Betheiligung am Umlageverfahren stellt sich vorsichtigen und redlichen Männern als ein **indirektes Zwangsmittel** dar, in der Genossenschaft zu **verbleiben** — entgegen dem klaren Willen des Gesetzes, welches jeden Zwang dieser Art absolut verpönt: Entwurf § 60, 62, 18.

Mindestens könnten die Ausgeschiedenen begehren, daß für sie ein **besonderes Umlageverfahren** eröffnet, d. h. daß unter sie, soweit sie solvent sind, der Schuldrest gleichmäßig vertheilt werde, damit die Rechtswohlthat der Theilung (beneficium divisionis), welche sie vermöge des Umlageverfahrens als Mitglieder der Genossenschaft genossen haben, ihnen nicht ohne Grund entzogen werde. Erscheint aber dieses Verlangen unausführbar, weil diesem besonderen Umlageverfahren die nothwendige Grundlage eines festen Status der Aktiven und Passiven fehlen würde — da ja unmöglich festgestellt werden kann, welcher Theil des Schuldrestes noch durch die in der Genossenschaft verbliebenen Mitglieder gedeckt werden wird und welche Gläubiger sich gerade an die Ausgeschiedenen halten werden — so bleibt im überwiegend vernünftigen Interesse gerade der Ausgeschiedenen nur übrig, das allgemeine Umlageverfahren auch auf sie auszudehnen.

Nun besteht ja die Aufgabe der Gesetzgebung gerade darin, in solchem, bekanntlich sehr häufigen Interessenkonflikt denjenigen Weg einzuschlagen, welcher dem vernünftigen allgemeinen, nicht welcher dem unvernünftigen, rein egoistischen Willen einzelner Betheiligten entspricht. —

Was so von dem bisher allein geprüften Interessenstandpunkt sich als unabweisliche Regelung ergiebt, entspricht aber auch durchaus den richtig verstandenen Rechtsprinzipien des Entwurfs, wenn man nur nicht den Fehler begeht, statt die Gesammtheit dieser Rechtsprinzipien in Betracht zu ziehen, einen einzelnen dieser Grundsätze für sich allein ins Auge zu fassen.

1. Ist das Umlageverfahren seinem rechtlichen Wesen nach eine Rechtswohlthat den Gläubigern gegenüber (beneficium oder auxilium divisionis), so kann es nicht auf die in der Genossenschaft zur Zeit der Auflösung verbliebenen Genossen beschränkt werden. Denn die noch gegenwärtigen und die bereits ausgeschiedenen aber den Gläubigern noch haftenden Genossen sind gleichmäßig gesetzliche Solidarbürgen der Genossenschaftsschuld. Den Gläubigern gegenüber bilden sie innerhalb der Haftzeit Einen Körper: es ist juristisch durchaus unstatthaft, die einzelnen Glieder dieses Körpers nach dem für die Gläubiger völlig unerheblichen Umstand der gegenwärtigen Mitgliedschaft oder des erfolgten Ausscheidens verschiedener Behandlung zu unterwerfen.

2. Das Recht der Genossenschaft, die ausgeschiedenen Genossen zum Umlageverfahren heranzuziehen, wird aus dem Grunde in Abrede gestellt, weil zu Folge der „Auseinandersetzung" dieselben ihren Antheil an den Genossenschaftsschulden bereits getilgt hätten. Indessen dieser Grundsatz des gemeinen bürgerlichen und Handelsverkehrs, daß mit der Auseinandersetzung Alles „abgemacht" ist, trifft für die sehr verwickelten Verhältnisse der Genossenschaften nicht schlechthin zu. Jeder Genosse weiß, daß er trotz seines Ausscheidens noch lange Jahre für die Genossenschaftsschulden den Gläubigern haftbar bleibt; er weiß oder muß doch als ver-

ständiger Mann wissen, daß jede Bilanz, also auch diejenige, auf deren Grund die „Auseinandersetzung" erfolgt ist, nur annähernd richtig ist und daß im späteren Konkursfalle die Werthschätzung zumal der Aktiven durchaus anders ausfällt, als vor dem Konkursausbruch.

Er weiß endlich oder muß doch wissen, daß die Auseinandersetzung mit den Ausscheidenden gerade nach § 68 des Entwurfs, unter der selbstverständlichen Voraussetzung der Solvenz wie Belangbarkeit der sämmtlichen Genossen geschieht, weil ja nur unter dieser Voraussetzung die Repartition der Genossenschaftsschulden nach Kopftheilen und die darauf beruhende Berechnung der Schuldantheile der Ausscheidenden möglich ist[21]). Anders ausgedrückt: in der bestehenden Genossenschaft werden zu Gunsten der Ausscheidenden alle Mitglieder als gleich gut fingirt, während augenscheinlich diese Fiktion in dem Augenblicke, da die Genossenschaft in Konkurs verfällt, nicht aufrechterhalten werden kann. Die praktische und juristische Remedur kann aber nur darin bestehen, daß die Ausgeschiedenen zu dem Umlageverfahren, welches die Uebertragung der die insolventen (unbelangbaren) Genossen treffenden Schuldantheile auf die solventen Mitglieder bezweckt und bewirkt, herangezogen werden, unbeschadet natürlich ihres späteren, ja auch im Entwurf für den Fall des erfolgreichen Einzelangriffs anerkannten Regresses.

So läßt sich, gerade bei schärferer juristischer Erwägung, das im allseitigen Interesse begründete Recht der Genossenschaft, alle noch den Gläubigern haftenden gegenwärtigen und ehemaligen Genossen zu dem im allseitigen Interesse liegenden Umlageverfahren heranzuziehen, schwerlich bezweifeln.

Wollte man indessen auch dieses Recht der Genossenschaft bezweifeln, so wird man doch deren entsprechende Pflicht, somit das Recht der Ausgeschiedenen auf diese Heranziehung, schwerlich in Abrede stellen. Mit der bloßen „Auseinandersetzung", ja sogar mit der Herauszahlung des etwaigen Aktiv- oder Passiv-Saldo des ausgeschiedenen Genossen ist nur formell Alles „abgemacht", nicht materiell.

Der ausgeschiedene Genosse hat in Folge der Auseinandersetzung nach allgemeinen Prinzipien das unzweifelhafte Recht gegen die Genossenschaft, von den Genossenschaftsschulden, für welche er gesetzlich haftbar bleibt, liberirt oder doch hinsichtlich derselben von der Genossenschaft gegen die Gläubiger vertreten zu werden:

L. 27. 28. 38 pr. D. pro socio (17, 2). A. L. R. I. 17 § 302:

---

21) Vgl. zutreffend Dr. Hertz, Die deutsche Genossenschaft 1888 Nr. 16.

„Soweit der austretende Gesellschafter den übrigen den zur Tilgung seines Antheils an den gemeinschaftlichen Schulden erforderlichen Fonds zurückläßt, kann er fordern, daß sie in einer zu bestimmenden Zeit die erfolgte Befriedigung dieser Societätsgläubiger oder seine von deren Ansprüchen bewirkte Befreiung nachweisen." § 303: „Dabei findet alles statt, was in einem gleichen Falle wegen sich auseinandersetzender Miterben verordnet ist" (§ 147—150)[22].

Daß dieser selbstverständliche Grundsatz auch für die Erwerbs- und Wirthschaftsgenossenschaften gilt, hat das Reichsgericht ausdrücklich anerkannt:

Urtheil vom 6. November 1886 (Entscheidungen des Reichsgerichts in Civilsachen Bd. 18 S. 89).

Durch den nach erfolgter Tilgung der Genossenschaftsschulden unzweifelhaft gegen die Genossenschaft statthaften und, nach § 112 des Entwurfs, im Umlageverfahren zu realisirenden Regreß wird dieser Pflicht der Genossenschaft gegen die ausscheidenden Genossen augenscheinlich nur sehr unvollkommen genügt. Läßt sich nun nach bestehendem Recht und — wie anerkannt werden muß — nach der Natur der Dinge der unzweifelhafte Anspruch des ausgeschiedenen Genossen gegen die Genossenschaft auf Liberation oder Vertretung nicht durchführen, ohne die Interessen der Genossenschaft zu gefährden, ist vielmehr zuzugeben, daß der Ausgeschiedene sich an das Genossenschaftsvermögen nur im Regreßwege halten kann, so versteht sich doch nach unzweifelhaften Rechtsprinzipien von selbst, daß die Genossenschaft mindestens **verpflichtet** ist, soweit ohne eigene Gefährdung möglich, dem ausgeschiedenen Genossen die Tilgung der Genossenschaftsschulden entsprechend zu erleichtern, d. h. ihn an dem Umlageverfahren zu betheiligen.

Es steht, wohlverstanden, nicht ein bloßer Billigkeitsanspruch der ausgeschiedenen Genossenschafter gegen die Genossenschaft — obwohl auch dieser bei einer durchgreifend reformirenden Gesetzgebung volle Berücksichtigung erheischen würde — sondern ein klarer Rechtsanspruch in Frage, dessen Anerkennung sich das Gesetz nicht entziehen darf. —

Die vorstehende Darlegung hat ergeben, daß die Heranziehung der Ausgeschiedenen zum Umlageverfahren nothwendig ist, um eine sichere Feststellung der Befriedigungsmasse zu ermöglichen, daß sie im Interesse der Genossenschaft, im vernünftigen Interesse der Genossenschaftsgläubiger und der ausgeschiedenen Genossen selbst liegt, daß dieselben nach Rechts-

---

22) Vgl A. L. R. II. 8 § 670. S. auch Brinckmann, Lehrbuch des Handelsrechts S. 177.

prinzipien den Gläubigern gegenüber die nur modificirt solidare Haftung im Umlageverfahren beanspruchen dürfen, daß sie endlich der Genossenschaft gegenüber ein unzweifelhaftes Recht auf diese Heranziehung haben, ja daß sogar das Recht der Genossenschaft, die ausgeschiedenen Genossen zum Umlageverfahren heranzuziehen, nicht füglich bezweifelt werden kann. Schon einer dieser Gründe würde für die Gesetzgebung vollkommen ausreichen und in einem etwaigen Conflikt der Gründe hätten die gewichtigeren den Ausschlag zu geben.

Indem all dies von der gegnerischen Ansicht verkannt wird, zerreißt sie den wirthschaftlichen und rechtlichen Zusammenhang, welcher zwischen den gegenwärtigen und den bereits ausgeschiedenen aber noch haftenden Genossen besteht. Indem sie die Rechtsverhältnisse beider Klassen nur insofern gleichmäßig regelt, daß sie beide dem für die erste Klasse sicherlich unthunlichen, für die zweite Klasse überflüssigen Einzelangriff unterwirft, im Uebrigen aber verschieden, indem sie die ausgeschiedenen Genossen zwar nach dem Erfolge des Umlageverfahrens haften läßt, aber an diesem nicht betheiligt, dann aber doch wieder behufs ihrer Befriedigung im Regreßwege ein neues Umlageverfahren (Nachschußverfahren) eröffnet, verhindert sie die allein zweckmäßige, dem Recht und der Billigkeit entsprechende Gestaltung des Umlageverfahrens.

Hinsichtlich des Regresses der Ausgeschiedenen begründet es keinen Unterschied, ob man den Vorschlägen des Entwurfs oder den von mir vertretenen Vorschlägen folgt. Nach beiden Systemen hat der ausgeschiedene Genosse, weil und sofern er sich mit der Genossenschaft „auseinandergesetzt", somit bereits seinen ganzen Antheil an den Genossenschaftsschulden entrichtet hat, für Alles, was er später zu diesem Zwecke zahlen muß — gleichviel, ob auf direkten Einzelangriff oder im Umlageverfahren — den Regreß gegen die Genossenschaft.

Nach beiden Systemen versteht sich, daß er diesen Regreß erst secundo loco, erst nach Befriedigung der Gläubiger, in deren Stelle er tritt, nehmen kann, da der Bürge seine Regreßforderung nicht gleichzeitig mit den noch unbefriedigten Gläubigern im Konkurse liquidiren kann[23]).

Immerhin ist durch die Ausschließung der Ausgeschiedenen vom Umlageverfahren nutzlos die mögliche Regreßsumme erhöht, nach dem entgegengesetzten System verringert.

Wenn endlich geltend gemacht wird, daß die Heranziehung der Aus-

---

23) Meine Abhandlung in der Zeitschrift f. das gesammte Handelsrecht Bd. XIV S. 414. — Urtheil des Reichsgerichts laut Plenarbeschluß v. 15. Febr. 1886 (Entscheidungen in Civilsachen Bd. XIV S. 172 ff.).

geschiedenen, weil diese nur für die bis zu ihrem Ausscheiden kontrahirten Genossenschaftsschulden haften, die kalkulatorische Berechnung des Konkursverwalters erschwere, so fällt, entscheidenden Zweckmäßigkeits- und Billigkeits-Gründen gegenüber, diese Rechnungserschwerung um so weniger ins Gewicht, als ja, nach dem Entwurf § 60, der Austritt nur zum Schlusse des Geschäftsjahres stattfindet und wirkliche Rechnungsschwierigkeiten dadurch ausgeschlossen sind. —

Können und müssen so auch die Ausgeschiedenen zum Umlageverfahren herangezogen werden, so entfällt sogar für sie jeder Grund, den allgemein unstatthaften, weil verderblichen und unbilligen Einzelangriff der Gläubiger beizubehalten. Die behauptete „Unschädlichkeit" des Einzelangriffs ist nur denkbar, wenn von demselben nie und nirgends Gebrauch gemacht wird, das Gesetz also ein todter Buchstabe bleibt. Die deutschen Genossenschaften aber sind eine zu bedeutsame Institution unseres wirthschaftlichen Lebens, als daß der Gesetzgeber versucht sein könnte, dieselben so gefährlichen Experimenten auszusetzen.

P. Stankiewicz' Buchdruckerei in Berlin.

GPSR Compliance

The European Union's (EU) General Product Safety Regulation (GPSR) is a set of rules that requires consumer products to be safe and our obligations to ensure this.

If you have any concerns about our products, you can contact us on ProductSafety@springernature.com

In case Publisher is established outside the EU, the EU authorized representative is:

Springer Nature Customer Service Center GmbH
Europaplatz 3
69115 Heidelberg, Germany

Batch number: 10844827

Printed by Printforce, the Netherlands